デジタル化
時代の
学校教育ビジョン
ようこそ、成層圏の旅へ

マイケル・フラン［著］
塩崎勉［訳］

東洋館出版社

日本語版へのメッセージ

私が本書を執筆した二〇一三年当時は、テクノロジーが、社会において急速にその存在感を増していた。当時、私は、テクノロジーそのものを取り入れることは易しい、ということを心配していた（つまり、「製品を買い」さえすればよいのだから）。世界中で、学校の意思決定権者たちは、自校のためにテクノロジーの購入に熱心になっていた。まるで、新製品が学びを増進してくれると言わんばかりに。しかし、テクノロジーそれ自体が学びに及ぼすインパクトは弱いものだ、とする研究結果が現れ出した。ジョン・ハッティ（二〇一二）は、『ビジブル・ラーニング』において、二五〇以上の異なる学習指導実践のエフェクト・サイズを調査しており、その中で、生徒の学習への関与の度合いや到達度の進展において、テクノロジーが及ぼしているインパクトは限定的なものだ、ということを明らかにしている。本書を執筆するに先立って、私は「システム全体の改革ために誤った牽引力を選ぶ」（フラン、二〇一一：同改訂版、二〇二一）と題した論文を書き、その中でテクノロジーを四つの「誤った牽引力」の一つに挙げている。そして、ペダゴジーこそが牽引力であり、テクノロジーはせいぜい「アクセル（加速器）」となればよい、と結論づけたのであった。

次に私は本書を執筆し、三つの力――ペダゴジー、変革の知識、そしてテクノロジー――が鍵となることを提案したのだった。ペダゴジーとは、学びのモティベーションを高揚し、深い学びへと導くために、学びをどのように組織立てていくかということである。これは、変革にとってもっとも基本的で、かつもっとも難しい側面である。というのも、ペダゴジーは、学びの「組織風土」に関わっているからである。つまり、学校がどのように組織立てられているか、そうした学校の在り方の中に組み込まれているものだからである。研究者たちは、二〇二二年現在の今でも、こうした従来の組織風土は、この一五〇年間、基本的に変わっていないと言う。第二の要因は、「変革の知識」に関するものである。これは、学校はどのように変わっていくものであるか、そのプロセスである。特に、変革を主導していくことと関連したリーダーシップのさまざまなスキルである。

「コア（核）となる三つ」の要因を把握すれば、変革に関わる基本的な課題を、明確に設定できたことになる。私は同僚たちとともに、こうした三つの発想を実践し進展させるため、過去十年間、学校現場を担う人たちと協働してきた（ペダゴジーについては、フラン・他、二〇一八を参照：リーダーシップと変革については、フラン二〇一九を参照）。一つの結論は、私たちは、二〇二〇年に至るまでは、優れた知識の土台を有している、ということである。今この瞬間、二つの劇的なまでに大きな力が、一緒に押し寄せており、本書で最初に述べて来た発想の重要性が、ますます際立ったものになってきている。一つは、教育システムは、特にこの過去十年間は改善されていない、という事実である。過去数十年間、格差が劇的なまでに広がり、ますます多くの生徒たちが、学年が進むにつれ、学校教育を退屈だと捉えている、あるいは自分とは疎遠なものと捉えている。

二番目の力は、新型コロナウィルスが、地球全体を根本から混乱させていることである。システムが逆方向に回転しているのだ。こうして見ていくと、変革のための機会は、過去七五年間におけるどの時期よりも、今日においてこそいちばん明白になってきた、と言えるのである。

IT関連企業が、テクノロジーが空白である場所や地域に、競ってテクノロジーを導入するにつれ、テクノロジーは、事実上、以前よりもはるかに存在感を増している。テクノロジーはかつてないほど、強力なものになっている。しかし、同時に、今まで以上に危険であり、不公平さを助長している。「成層圏」的な枠組みで言えば、目下の課題は私にとっては明白である。それは人間らしさの向上に関するものであり、このことを肝に銘じるために、私たちは学校教育の目的に立ち返る必要がある。それは、一人一人の成長・発展に関わるものであり、また集団的あるいは共同体的努力に関わることである。基本的原則に焦点を合わせることは欠かせないが、それを超えて、私たちが六つのCと呼ぶグローバルな能力へと突き進んでいかなければならない。すなわち、人間の品格（character）、市民としての責任の自覚（citizenship）、共同（collaboration）、コミュニケーション

(communication)、創造性（creativity)、そしてクリティカル・シンキング（critical thinking）である。とりわけ、急速に進化を続けているこの複雑かつ危険に満ちた宇宙で、若者たちが知識の豊富な変革の担い手となるよう、育て、備えさせるものでなくてはならない。

日本は、常に、学びとテクノロジーの最前線で活躍してきた。「成層圏」の核を成すコンセプトに、大勢の人たちが関心をもっていただけることは、私にとって大きな喜びである。これらのコンセプトは、皆さんをよりよき未来へと導く力をもっている。この旅が実り豊かなものであることを願ってやまない。

マイケル・フラン

二〇二二年三月　トロントにて

謝辞

私の大勢の友人たち・同僚たちに感謝を申し上げたい。私たちは、数々の優れた研究・調査プロジェクトに、一緒になって知恵を出し合い取り組んできた。本書の刊行に至るまでのあらゆる過程で私を支えてくれたクローディア・カトレスに、まず感謝を申し上げたい。そして、エリーナー・アダム、リズ・アンダーソン、ジェームズ・ボンド、デービッド・ブース、キャロル・キャンベル、カテリン・ドナリー、メアリー・ジーン・ガラハー、アンディ・ハーグリーブズ、ピーター・ヒル、デービッド・ホプキンズ、ブレンダン・ケリー、マリア・ロングワージー、ケン・リースウッド、ベン・レビン、トニー・マッケイ、スティーブ・マンビー、チャールズ・パスカル、ジョアン・クイン、キャロル・ロールハイザー、ジェフ・スコット、そしてナンシー・ワトソンにも。

私とチームを組んで、協力いただいたモーション・リーダーシップ・マドキャップの皆さんには、多方面でお世話になった。本書の刊行にあたって、私のパートナーとなってくれた、デービッド・デバイン、グレッグ・バトラー、再度クローディア・カトレス、マーク・ハンド、リチャード・モーザー、リン・シャラット、ビル・ホガース、マルコム・クラーク、そして私たちと共同してカリキュラム、ライティング（書くこと）、デジタル面等で創造性を発揮していただいた皆さん全員に、感謝を申し上げたい。私たちの卓越したアドバイザーであり友人である、サー・マイケル・バーバー、サー・ケン・ロビンソン、そしてピーター・センゲにも感謝申し上げる。モーション・リーダーシップ・マドキャップのチームは、デジタル・カリキュラムのイノベーションを推進することによって、強力な学びの成果を生み出すべく目下奮闘中である。そのためにアメリカのコモン・コア州基準と歩調を合わせている。また、改革がシステム全体に及ぶよう、教師の実践をサポートしているシステムからも、支援をいただいている。

私の敬愛する二人の政治家、オンタリオ州知事のダルトン・マクギンティ、同州前教育大臣ジェラード・ケネディにも、感謝申し上げる。

私の家族、ウェンディ、ベイリー、コナーにも感謝を述べたい。彼女たちのおかげで、私たちは、皆、ある意味、理想的な世界に暮らすことができている。

ピアソン社カナダ本部の優秀な編集チーム、マーティ・キースト、マーク・コバム、ジョアン・クロース、リサ・ディムソン、ケイト・レビントンの皆さんにも感謝申し上げる。彼らと一緒に仕事をさせてもらい素晴らしい経験ができた。本書を世に出すにあたっては、スピード感と質の維持の両立を図っていただいた。

成層圏の世界がさらに繁栄することを祈りたい。成層圏は、高さが六四キロメートル、幅が四万キロメートルに及ぶが、もし私たちが本気で地球外のものに触れたいと望むならば、さらに大きくなるものである。

目次

第一章

旅

三つの力を「成層圏」と呼ぶ

三つの大きな発想がある。それぞれがお互いを必要としながら、お互いを知ることなく、四〇年以上の歳月が経過した。大きな発想の一つは、テクノロジーである。ほぼ半世紀前に最初のパーソナルコンピューターが出現して以来、テクノロジーは大きな関心事となった。次は、ペダゴジー（教授法）である。一九六〇年代中頃に、すべての子どもたちに高校教育を受けさせることを目標として以来、ペダゴジーは大きな関心事となった。そして、三つめは、変革に関する知識である。一九七〇年頃に、教育施策を実施し定着させることが懸案事項になって以来、変革の知識は大きな関心事となった。これら三つの力は大きく成長し、現在では、その相乗作用によって素晴らしい学習結果が出てくるのももうすぐだ、という期待がもたれている。

私はこの三つの力を「成層圏」と呼んでいる。それはクラウド〔注：「雲」が原意。いわゆるオンライン・ストーレッジのこと〕よりも大きい。――クラウドとは、「あちら」にあるインターネット・リソース（資源）の巨大な源泉であるが、その物理的位置は知られていない。しかし、実在するものであり、私たちは携帯端末によってそれにアクセスすることができる。クラウドは、あちらにあって、こちらの携帯端末の中にもある。そういうことが同時に起こる。このことは、理解できなくても実感はできる。成層圏はこれに似ている。ただし、もっと壮大である。成層圏には、テクノロジーがある。これは、膨大で、かつ絶えず拡大を続ける情報の貯蔵庫を備えている。また、異なった学び方をする機会――私はこれをペダゴジーと呼んでいる――も存在する。そして、変革の知識が内包されている。変革の知識とは、こうした情報を活用してものごとをよき方向とされる方向へと変えていくために、私たちは何をなすべきか、を知ることである。

なぜ成層圏という用語を使うのか

私は、こうした三つの力――テクノロジー、ペダゴジー、および変革の知識――が、成層圏においてそれぞれがお互いを意図的に求め合っている、と言うつもりはない。しかし、これら三つの力が結びつくのは不可避である、とは断言したい。本書のねらいは、こうした結びつきを顕現化した上で論じ、以って人類にとって益多きものとすることである。成層圏という用語は、謎、魔力、そして未知を含意することを期待して、意図的に用いている。この用語には、また、私たちの理解を超えるさまざまな神秘も含まれている。たとえば、人間の脳は、ほかの人間と無意識のうちに有意味な関係性を形成するが、同じような関係性を無生物体とされるものとも形成する、といった研究結果がある。これは、言ってみれば、無生物体を人間化するということである。イアン・マックギルクリストの著書『主人とその使者――分断された脳、そして西欧世界の形成』は、脳の深淵さを宇宙との関連において調査した驚異的な研究である。マックギルクリストは言う。私たちは何に関心をもっているのか、その関心のもち方によって、私たちは世界を解釈するだけではなく、世界を変えている、そして世界を変える過程で私たち自身を変えているのだ、と。

何かを真に経験するとは？

　ここで小さな神秘に触れることをご容赦いただきたい。マックギルクリストは言う、私たちが何かを真に経験するためには、「その何かは、私たちの中に入り込み、私たちを変えるのでなければならない。そして、私たちの中には、その何かをユニークなものとして捉え、それに具体的に反応する何かが、存在しなければならない」と。こうしたことは、芸術との関連において、いちばんはっきりと見えてくるものである。マックギルクリストによれば、一つの偉大な芸術作品は、「一つのモノというよりは、一つの生きた存在であると言ったほうがよい。このような生きた存在と私たちの出会いが、大切なものであり何らかの意味をもっていると言えるのは、いかなる生きた存在もそれ自体で整合性をもった全体であると同時に、より大きなコンテクストの中ではその一部を形成する部分体であり、私たち人間もこの大きなコンテクストに関わり、関与しているという事実があるからである。」事実、成層圏は語りかける、一つの偉大なテクノロジーは、私たちがそれに触れるときの経験の仕方ゆえに、一つの生きた存在なのだ、と。私は、後の章で、そう遠くない未来、私たちのなかには私たちのつくったロボットと結婚する人が出てくるかもしれない、と述べているが、上述した理由で、これはあながち突拍子なことを述べたわけではない。心配には及ばない。私は、本書では極力現実に即して論述を進めていくつもりである。しかし、最初に、人間と人間を取り巻く宇宙についての神秘というものを提示しておきたいと思う。テクノロジーによっていやがうえにも増幅された一つの神秘である。最後に、一つまとめを示す。マックギルクリストが、右脳と左脳について語った次の一節をご覧いただきたい。

マックギルクリストの語る右脳と左脳

左脳は常に一つの目的に関心をもっている。常に、目指すものを視野に置いており、この目的の達成に有益性が認められなければ何であれ軽視する。これとは対照的に、右脳は、何に対しても意図やねらいというものを抱かない。予測できないもの、明確な目的のないものすべてに対して、敏感である。（中略）左脳の世界は、言語による表示や抽出に依存し、次のようなものを操作することで明晰さと力を生む。すなわち、既知のものであり、固定化され、静的で、単一に分離され、脱文脈化され、顕示化され、肉体を剥がされ、本質上一般的であって、しかし突き詰めれば生命のないものを操作する。これとは対照的に、右脳は、次のような世界を生みだす。すなわち、個別的で、変化し、進化し、相互につながりをもち、潜在性をもち、肉体を備え、実際に生きている世界というコンテクストの内部で生命をもった存在、という世界を生みだす。しかし、事の本質上、完璧に把握することはついにできず、終始不完全にしか知ることができない。そして、この現実の世界では、「気がかり」という関係性の中において存在する。

私は、今ある教育システムの批評として、これ以上深淵なものを想像することができない。現行の教育システムは、不適切なまでに内容に拘束され過ぎていること、そして、なぜ新しいペダゴジー――すなわち、学び方を学ぶこと――の開発が不可欠であるのかを、この論考は教えてくれる。学び方を学ばなければならないのは、進化する世界が絶えず変化を続け、把握しがたいからである。私たちは、把握しがたいものを、定期的に立ち止まって把握すること、つまり時代に追いつく能力を必要としている。学び方を知っている者、他者および環境（「モノ」も含む）と関係性を築ける者、そして、自分自身が進化している存在であることを知り、世界を自身の一部となすことができる者のみ、この世界において繁栄することができる。私たちに備わっている頭脳をもって、この世界に生きることは何とエキサイティングなことであろうか。

テクノロジーの目的性を明確にする

本書の目的は、新しいテクノロジー、新しいペダゴジー、そして新しい変革知識という三つの層に組み込まれているさまざまな発想が、いかに万人にとっての教育を変容させるべく輻輳しているかを述べることである。私は、これら三つの層のうち二つについては、それなりに時間をかけて取り組んできた。学習指導のよき実践と、私たちが「システム全体の改革」と呼んでいるものを統合することに努めてきた。「システム全体の改革」とは、州全体、国全体で、あらゆる生徒のために基準を引き上げ、格差を縮小するという道義的目的を指している。私たちは、新しいペダゴジー、すなわち、学び方を学ぶということを推進することについては、十分にできたとは思っていない。この点こそ、テクノロジーが登場しなければならない箇所である。テクノロジーは、それ自体のもつペースというものを見せつけてきた。その圧倒的な量、および目的性の定まらない質において、ほかの二つの層をはるかに凌駕している。こうした急激な展開の中で、テクノロジーをどのように位置づけることができるのか、今はその折り合いを考えるべきときである。そのためには、テクノロジーの目的性を一段と明確にし、かつ、二一世紀における教育者および学習者にとっての学びを変容させていく、ということにねらいを定めておく必要がある。

変革の四つの要素

私のような変革を専門とする者たちにとって、目指すべき理想は変革をより容易なものにすることである。変革の経験に次の四つの要素が備わっていれば、変革はもっと楽しいものになるはずである。第一は、人を惹きつけるものであり、精密かつ具体的であること。第二は、高利回りであること（努力に対する成果の比率が高いこと）。第三は、人をより高次元へと引き上げるものであること（人間の創造性、課題解決能力、イノベーション力を伸ばすものであること）。第四は、個人的恩恵と集団的恩恵とが、共同・連携していること、である。私たちは、今、これら四つの要素を取り入れ実践しているが、まだ本格化の段階には至っていない。しかし、これら四つの要素は、ここ一～二年の間に一段と明確化され、その価値を実証する研究結果が出てきたことは、喜ばしいことである。

テクノロジー・スキルの普及

私たちは、オンタリオ州でシステム全体の改革を達成し、大きな成果を得ることができた。二〇〇三年以降、私たちは低迷するシステムに関わってきて、五〇〇〇校に及ぶ公立学校システムで目覚ましい成果を得ることができた。リテラシー（読み書き）と算数（厳密に定義されたものである）は、小学校四〇〇〇校で一五％伸びた。中等教育学校の卒業率は、六八％から八二％へと上昇し、さらに上昇を続けている。学校、学校区、教育諸官庁には、モラール（士気）、能力、当事者意識が、しっかりと組み込まれている。この時点では、テクノロジーはまだたいして大きな役割は果たしていない。州政府の行政機関である「教育の質およびアカウンタビリティーに関するオフィス（ＥＱＡＯ）」の調査では、高度・高次のテクノロジーに関するスキルが普及しているのは、州全体では約一三％の学校に留まっていることからも、この状況が分かる。

新しいペダゴジー

現在、ペダゴジーに関する研究により、明らかになりつつあることがある。すなわち、高次元スキルの育成を目指す場合でも、生徒との関係性にねらいを定めて少しでも投資をしておけば、最終的には、モチベーションの面でも到達度の面でも、高利回りの結果が得られる、ということである。テクノロジーは、こうした学びの経験を、大規模に加速することができる。もちろん、最初は投資が必要であるが、そのあとは最小のコストで済む。

後続する各章では、新しいペダゴジーとは何を意味しているのかを、肉づけをしていく。また、私たちは、「教師と生徒の役割を逆転させる」必要があるという言い方をするが、今一つはっきりしないこの表現の意味を精密に見ていく。

変革に関する知識の「単純複雑性」

私たちは、大規模な変革について多くのことを学んでいる。少数の野心的な目標に焦点を合わせることによって、変革というものの複雑性を減じることができる。次に示す、鍵となる五~六つの要因にバランスよく目を配り、整合性のある戦略を用いるのである。すなわち、人間が本来的にもっているモチベーション、能力の育成、結果と実践の透明性の担保、あらゆるレベルの職層におけるリーダーシップ、そして仕事の進展に対するポジティブかつ確信ある態度である。私は、こうした変革に関する知識を、ジェフ・クルーガーの言葉を借りて、「単純複雑性」と呼んでいる。それは、少数の鍵となる要因(単純性の部分)を、いくつもの大きな人間集団(複雑性の側面)に、ジェルのように刷り込み、馴染ませていかなければならない、という意味である。

テクノロジーには、人類にとって事態を悪化させる、大きな危険性があることを見ていく。また、私たちは、クラウドの活用の仕方により、目的をさらに明確化し、学ぶ喜びを倍加することができるということも見ていく。私たちは、三つの層が輻輳するという現象のまだほんの初期段階にいるに過ぎないが、その具体的な性格や兆候ははっきりと示すことができる。ひとたび、こうした現象がより明確になってくれば——この点こそが本書の主たる目的である——、これは加速の度を増していくだろうことは、容易に予測できる。別の言葉を使えば、蔓延する、といってもよい。私たちは、この現象が蔓延した新しい世界にどのように対処していくべきかを知りたいと思う。同時に、それを有効に活用できる能力を最大限身につけたいと思う。

　これから見てもらえれば分かるとおり、『成層圏の旅』では、私はテクノロジーとペダゴジーを統合するための四つの基準を提示している。これによって、すべての生徒たちにとって、学びがエキサイティングでイノベーションにつながっていくことをねらいとしている。これこそが、教育を二一世紀に相応しいものにするために、切実に求められていることである。こうした新しい展開に対応するには、①（生徒にとっても教師にとっても）抗しがたいほどに魅力的であること、②エレガントで効率がよく、使いやすいこと、③技術的に、二四時間年間を通じてどこでも使えること、そして④実生活の問題解決に徹していること、の四つの基準を満たしていなければならない。今現在、いくつかの実践例を無作為に見てみると、こうした経験がどのように見えるものであるかを垣間見ることができるが、まだまだ希少例に過ぎない。

本書の主張の要諦——「成層圏」を成す三つの層は無敵の組み合わせである

本書でとりあげる真の改革とは、すべての生徒にとって持続的な学びの経験を、現実のものとなすことである。テクノロジー、ペダゴジー、そして変革に関する知識を統合することは、基本的には、これまでのやり方から人を解放する力をもつものである。ひとりひとりすべての生徒たちが、生涯にわたって個人の情熱、目的性、成就感を追求するために、学び方を学ぶという意味で、学びを民主化するものである。とりわけ、生徒たちは、共同して学ぶ。その過程で、身近な他者、また遠くにいる他者とのつながりを強固にしていく。これにより、市民としての責任感、人間としての連帯感、集団的課題解決力、そして持続性が育っていく。

以上のことに加え、システム全体の改革をどのように実現するかという命題についての私たちの変革の知識が、ますます具体的かつ明確なものになりつつある。私たちは、どのようにすれば多様な人たちに深みのある改善プロセスに参加してもらえるかについて、以前より多くの知識を積んできた。こうした改善プロセスが軌道に乗れば、当事者意識が生まれ、また改善に必要な諸条件を整えることになる。こうした改革が、仮説ではなく現実のものになっているのは、テクノロジーとペダゴジーにおける変革が、劇的なまでに説得力をもったものになっているからである。『成層圏の旅』で述べている主張の要諦は、テクノロジー、ペダゴジー、そして変革の知識の三つの層は、無敵の組み合わせを成しているということである。この三つの層の輻輳は非常に強力なものであり、ごく近い将来、私たちが何をどう学ぶかを根本的に変革する、ブレークスルー（突破口）となるような解決策を、いくつもの領域にもたらしたとしても何ら不思議ではない。教育とテクノロジーは、いつの時代も唯一無二の親友なのだ！

教育において、私たちは一つの時代遅れとなった学校システムから、よいものはすべて搾り取れるだけ搾り尽くしたという段階にきた、と言ってよいだろう。現行のシステムは、費用がかかり過ぎ、非効率的であり、どの子どもも異口同音に訴えるように、死ぬほど退屈である。この状況は変えることが可能であり、それは私たちが思っている以上に容易なものであることが分かるだろう。新しい代替案は、信じがたいほどに経費のかからないものであり、はるかに魅力的なものである。これが『成層圏の旅』である。テクノロジーのもつ力と危険性を理解することから出発し、より容易でより大きな成果につながる変革を彫りだし、私たちの変革知識を用いて、すべての者にとっての新しい学びのシステム、自己再生力をもった学びのシステムを確立していく旅である。

第二章

テクノロジー、その力と危険性

私が友人たちとともに最初の仮想現実の機械をつくったとき、その意図は、この世界をもっと創造性に満ち、表現力が豊かで、共感的であり、かつ興味深いものにすることであった。この世界から逃避することではなかった。

――ジャロン・ラニアー

ダーウィンの嘆き

チャールズ・ダーウィンは、晩年になってから、一人の友人に宛てた手紙の中で、次のように書いている。

私は、三〇歳になるまで、あるいはそれ以降も、ミルトン、グレー、バイロン、ワーズワース、コールリッジ、シェリーといった詩人たちの多くの種類の詩を読み、大きな喜びを得てきた。（中略）しかし、今では、もう何年も、詩を一行読むことにすら耐えられなくなっている。（中略）私の精神は、膨大な事実の集積をひき臼で挽いて一般的法則をつくりだす一種の機械になってしまったようだ。（中略）もし人生をもう一度生きなければならないとすれば、私は、少なくとも週に一度はいくつかの詩を読み、少しの音楽を聴くことを習慣とするだろう。（中略）こうした趣味をなくすことは、人生の喜びを失うことであり、おそらく私の知性を損なうかもしれない。

それ以上に、私の道徳的人格を損なうかもしれない。私という人間の情緒的な部分が衰弱するからだ。

現在のデジタル時代の初期に生きている世代の人たちは、今までなかったような驚くべきテクノロジーの影響をまともに経験している最初の世代である。こういう人たちが、いつか一〇〇歳になって、静かに人生を振り返り、味わえたかもしれない人生の喜びを失ったこと、あるいは人間としての情緒的側面が衰弱させられたことを嘆く、といったことがあり得るであろうか。テクノロジーは、際限のない可能性を秘めているとされ、その威力はこれからも日ごとに大きくなっていくであろうが、私たちは、私たちの住む世界がいかに驚異的な世界になったかを、初めて把握できる時期に差しかかっている。私たちは、今やっと、テクノロジーはどこへいこうとしているのか、良かれ悪しかれテクノロジーのもつ力はどんなものか、そしてテクノロジーを私たちの役に立つように仕向けるためにともに努力しよう、という位置に立っている。『成層圏の旅』のねらいは、テクノロジーのもつ暗い側面、かつ事実上無際限である啓発的側面の両方に対して、私たちの目を開くことである。強力なツールが、その用途において絶対的に中立であるということはあり得ない。

1　テクノロジーの暗い側面

インターネット的自由の暗部

　テクノロジーは、解放的なものなのか、それとも邪悪なものなのか。答えは、両方ともイエスである。しかし、私たちは、テクノロジーの隠された暗部を見落として、その魔力に畏怖の念を抱きがちである。こうしたテクノロジーを生んだパイオニアたち、特に現下のデジタル世界を創造することにもっとも心血を注いできた人の中には、テクノロジーにはもう驚嘆するばかりだという私たちの思い込みを、矯正していかなければ、という人も出てきた。こうした専門家たちが懸念していることを読んでみると、恐怖心が募って来ざるを得ない。

　最初に、エブジニー・モロゾフの『ネット妄想――インターネット的自由の暗部』をとりあげよう。彼の議論の前提は、次のようなものである。「インターネットは、抑圧者よりも被抑圧者に味方するという素朴な思い込みは、いわゆるサイバー・ユートピア主義によって出鼻をくじかれる。サイバー・ユートピア主義とは、ネット空間におけるコミュニケーションの本質はその解放力にあり、とする素朴な信念である。また、ネットのマイナス面は一切認めないとする頑固な拒否の姿勢の上に成り立っている。」モロゾフは、さらに議論を進め、インターネットは独裁的政権を弱体化させるどころか、却って強化する、と実証的に述べている（私たちは、お前たちがどこに住んでいるかを知っている。そればかりか、お前たちがどんな人間なのか、何が好きで、何をしたいのか、なども知っている）。モロゾフは、ラングドン・ウィナーの次のような不気味な言葉を引用している。すなわち、「私たちのもつテクノロジーは、実質的には無限の力をもつと言ってよいものだが、把手（とって）のついていないツールである」、と。（後続する章で、私は、良くも悪くも、私たちが自身の把手を取りつける必要があること、しかも良き方向に進化していくように把手を取りつける必要があること、を論じるつもりである。）

独裁者と自由主義者のうち、どちらのほうが自分の大義のために、より熱心に努力しているであろうか。この質問に包括的な意味合いで答えても、あまり意味のないことである。しかし、ファシストなら、インターネットの娯楽的価値は、政治的知識を得させる誘因としてよりも、はるかに大きいということに、感謝しているかもしれない。言い換えれば、政治集会に参加することよりも、あるいは中東で起こっていることを読み解こうとすることよりも、あるいはニュースに耳を傾けることよりも、「ワーズ・ウィズ・フレンズ」というアプリのゲームをすることのほうが、はるかに常習癖がつく可能性が高いのだ。モロゾフは、中国に拠点をおいて活動している、中国のインターネットに詳しい専門家マイケル・

アンティの次のような趣旨の発言を引用している。すなわち、二〇〇九年に、(中国)政府がネット上のポルノの禁を解いたとき、「インターネット・ユーザーたちが見たいと思うポルノがあるのであれば、その分、政治的事柄に向ける関心は減るだろう」という理由づけをしたに違いない、と。私たちの教育改革という事業においては、「気を散らすものに要注意」というカテゴリーさえ設けている。「気を散らすもの」とは、人がコアとなる優先課題に焦点を当て、維持していくのを妨げるような要因や力のことである。人間というものは、容易に気が散るものである。特に、仲間から、あれがいいとかこれが面白いなどと唆(そそのか)されると、いとも簡単に気が散るものである。

したがって、気を散らすことは、独裁的政府にとっては最高の陽動作戦であると言えるかもしれない。というのも、モロゾフも言うように、「娯楽によって人をコントロールするのは安上がりであり、さほど残忍性を伴わない」からである。露骨な取り締まりは、人を不服従に駆り立てる。気楽な娯楽は、人の精神を鈍らせるか鋭敏にするかのどちらかであるが、何か目的があるわけではない。こうした例はいくらでもあげることができるが、要は、インターネットというものは、表面上は、誰でもアクセスが可能であるけれども、「その頂上には検閲装置が設置されており、その装置のもつ精巧さや融通性」は、巧妙に隠されているということである。あなたは、友人や潜在的な味方に対して、ブログで言いたいことをせっせと書くことができる。しかし、その間ずっと、はっきりと意図をもった敵が、あなたを見張っているのだ。

ソーシャル・ネットワーキングを使って市民参加やその他の民主的活動を呼びかけたりする事業があると、どんな事業であれ、こうした重要度の高い取り組みを評価せず、ただ観察しているだけという人がいるものである。私たち自身、実際に社会変革に関わる仕事をやってみる過程で、実際の現場でやるべきことがもっともっとたくさんある、ということに気づかされたのであった。すなわち、焦点化、厳格な規律、データの絶えざる処理と問題解決、新規参加者の取り込み、などである。一つの社会的大義名分にネット参加すると、それだけで実際に何かをおこなっているような錯覚に簡単に陥る、ということはあり得る。モロゾフも言っているように、インターネットは、その本質上、形だけの参加を促したり、唆したりするだけである。

「フィルター・バブル」に対する警告

私たちに関する情報へのアクセスがオープンになることで、そこから利益を得るのは政治だけではない。既得権をもつ人なら誰でも、私たちが知らないうちに、私たちの顔や個性をもっと鮮明に把握できるようにし、かつ、得られた情報を高度に洗練されたやり方で活用して、私たちの行動パターンを利用したり、あるいは誘導したりすることができる。

エリ・パリサーのフィルター・バブル（フィルターの過多）を考えてみていただきたい。彼はその著作『フィルター・バブル』の中で、二〇〇九年一二月四日を、一つの転換期であったと特徴づけている。この日に、グーグル社は、個人にカスタマイズされた検索方法を、あらゆる人が利用できるようにする、とそのブログ上で、静かに発表したのであった。グーグル社は、私たちについて多くのことを知るために、五七のシグナルを使っている。たとえば、私たちがどこからログインしているか、私たちの検索履歴はどんなものであったか、私たちはどんな種類の人間か、私たちの好みは何か、などといったことを、かなり直截に私たちに聞いてくる。パリサーは言う、「民主主義は、市民がものごとを他者と相互の視点から見つめることを要求するが、私たちが実際にやっていることは、自らのフィルター・バブルの中にますます閉じ籠りつつあることだ」と。フィルター・バブルを動かしているものは、私たちの姿、つまり私たちは誰なのか（あるいは、私たちはどんな存在でありたいのか）ということを、絶えず明確に示し、投影することにつながる検索行動である。パリサーは、グーグル社のエリック・シュミットの次の言葉を引用している。すなわち、顧客がグーグル社に求めていることは「自分は次に何をすればよいかを、教えてくれることだ」と。インターネットにとっては、既知のものから推論して私たち個々人の世界をつくってくれることは、いわばお家芸なのである。だからこそ、次に私たちがピザを食べたくなるのはいつなのか、トッピングには何を入れたいのか、などを教えてくれることもある。パリサーによれば、「既知からつくられた世界は、学べることがほとんど残っていない世界である」。

拡大して使われる個人情報

これは、私たちの学べる範囲が限定されるということにとどまらず、情報の隠れた世界(こうした情報にアクセスできる者にとっては、それほど隠れてはいないが)が紛れもなく邪悪なものになりつつある、という意味でもある。ニューヨーク・タイムズ紙の二〇一二年二月四日号で、ソミニ・センギュプタとローリ・アンドルーズは、二人とも、それぞれ別個の記事の中で、情報にアクセスしそれを使う事例を述べており、それらはさもありなんと信じられるものであるだけに、背筋のぞっとするような内容である。たとえば、一人のオーストリアの学生は、自分自身のフェイスブックファイルを要求したところ、彼が削除しておいたはずの古いメッセージを含む、何と一二二二ページに及ぶファイルがあったという。その中には、ある友人の精神疾患の状態、さらには自分には入力した覚えもない自分の居所さえ含まれていた、という。言い換えれば、もしあなたが特定の病状についてグーグルで検索したり、あるいは自分の子どものためにサマー・キャンプについてグーグルで調べたりすれば、このような内容に関連したオンライン上の広告にすぐさま出会うかもしれない、ということである。こうした状況を、あなたにとって有益なものと見るか、それとも怖いものと見るか？

アンドルーズは、「あなたはフェイスブックに利用されている」という記事の中で、今やデータの集積者は、人を、その人が他者と共有している興味や好き嫌いによって、グループ分けしているという指摘をしている。アンドルーズは、アトランタに住む一人の男性の例を詳細に述べている。この男性は、新婚旅行から帰ってきて、クレジット会社であるアメリカン・エクスプレスが、彼の借りられる金額の上限を七〇〇〇ドル下げたことを知る。この措置は、この男性の貸借の履歴ゆえではなく、最近彼がどこでアメリカン・エクスプレスのカードを使用したかにもとづいていたのだ。アンドルーズは、指摘している。この例では、クレジットの上限の調整は、総合集積データをもとにしている、と。会社の説明を聞けば、なぜこの男性のローンの上限を下げたのか、疑問の余地なく分かるのである。すなわち、「あなたが最近買い物をしたのと同じ施設で買い物をしたほかの顧客を見てみると、アメリカン・エクスプレスへの返済履歴が芳しくないのです」というものであった。アンドルーズも述べているように、あなたが何かの病状についてグーグルで調べたという事実にもとづいて、あなたが健康保険に加入することを拒否されることだってあり得るのだ。さらに不吉な予感を述べてみよう。もしあなたが貧困地域に暮らしている若者であるならば、あなたは、大学よりも職業訓練学校に関する広告を目にする確率が、断然高くなるということだ。

要するに、私たちは勝手にレッテルを貼られ、まるで何かの心理学の実験に使われている間抜けな人間であるかのように、扱われているのだ。しかし、私たちは仮説の実験台などではない。毎日の日常生活においては、私たちは、自分自身の将来のことに無知な者として扱われ、窒息しかかっている。この状況を脱して改善へと向かうには、情報に通じることと、決然たる行動が必要である。そのためには、情報、対話、そして人間としての関係性の資本——それは相互の忠誠心と熟練したチームワークにもとづいたものでなければならない——を育てることが、必要となる。個々人に合うようカスタマイズするとは、人に「今月のお薦め品」を案内することではない。そういうことをやったところで、うまくいったとしても、せいぜい私たちを私たちと似たような人に接触させるだけのことであり、ひどい場合は、私たちの生活が私たちの知らないうちに決められている、ということになりかねない。

脳が注意力散漫状態になる

以前にも増して多くの批評家たちが——その多くは、パイオニアの働きをしてきたテクノロジー愛好家たちである——指摘している。私たちの脳は、過度の注意力散漫状態にあり、この状態が恒常化するような（脳の）変形が見られる、と。ニコラス・カーは、その著書『浅瀬――インターネットは、私たちの脳にどんな影響を及ぼしているか』のなかで、インターネットの活用が自分の脳にどんな影響を及ぼしているかについて語っている。マーシャル・マクルーハンは、私たちは道具をつくり、次には道具が私たちをつくると言った。カーは、マクルーハンの言ったことの意味を理解し始めている。カーは、自身が集中する能力をすっかり失くしてしまったことを、自身で直接に観察しているのだ。「ネットが及ぼしている作用を観察してみると、どうも、私の集中する能力、沈思黙考する能力が、少しずつ浸食されているらしいのだ」と。カーは、一ページか二ページ読んだ後、注意力がぼんやりと放浪し始める、とリアルタイムで述べている。「私はそわそわし、全体の脈絡が把握できなくなり、何かほかにやるべきことを探し始めている」と。カーの話の趣旨は、自分の脳は、絶えず何かを渇望している、その何かとはどんなものでもよい、自分の望んでいるかもしれないこととは無関係なもの、ということである。

ロンドンのタクシー運転手の脳の変化

人間が進化するのに何百万年もかかったということを考えれば、私たちの脳がこんなに短期間でその形を変え得るというのは、信じがたいことであるが、ノーマン・ドイジが「脳は自身を変える」という言い方をしているように、その可塑性についいはそれを証拠立てるものが確かに存在するようである。ロンドンのタクシー運転手のことを考えてみよう。彼らは、「ザ・ノレッジ（知識）」と呼ばれる適格試験に合格するために、ロンドン中の通りを勉強してきたという歴史をもつ。彼らは、同市の二万五〇〇〇以上もある通りの位置を、覚えておかなければならない。最近の研究によると、運転手たちが「ザ・ノレッジ」からカーナビゲーションの利用へと移行するにつれ、彼らの脳の形に変化がみられるようになったという。どうやら、私たちがデジタルへ向かうにつれ、私たちの脳は変化する、ということのようだ。カーの心配していることは（彼の主張には一〇を超える研究の裏づけがある）、私たちは「オンライン状態にあるとき」、掘り下げて思考する能力から遠ざかっていき、「一瞥的な読み方、急ぐあまり集中力を欠く思考、皮相的な学びなどを奨励するような環境に入っている」ということである。

私たちが考えておくべきこと

他方、デジタル機器の中には、たとえばビデオゲームのように、私たちが寝食を忘れるくらいに私たちをのめり込ませるものがあることは、皆知っている。（聞いた話だが、一瞬たりともおろそかにできないゲームに夢中になっているとき、小用のために席を立たなくてもよいように、コンピュータの脇にボトルを置くほどに病みつきになっている人もいる、という。）私たちの考えている成層圏の世界とは、焦点や没頭の対象は、価値あるものを追求する努力のためにあるのでなければならないだろう。私たちは、学び手が心を奪われるようなデジタルの世界を創造したい、と強く望んでいる。すなわち、個人的目標あるいは集団的目標の達成のために重要な経験をする過程で、「完全に無我夢中になり、没頭し、魅了され、おそらくははまり込んでしまう」デジタルの世界を創造したいのである。

　私たちは、マルチタスク（一度に複数の仕事をこなすこと）をやる人は、多くの異なることをやるのだが、どれも満足にできないということをよく聞く。クリフォード・ナスは、「マルチタスク人間は、的外れなことばかりを掴んでいるお人好しである」と言っているくらいである。つまり、あちこちにいくつものリンク先などが並んだページを読む人よりも、文字が線形に並んだ文章を読む人のほうが、読んだことをよく記憶し、より多くのことを学んでいる、という意味である。ここで、後ほど述べようとしていることを、少し先回りして述べてみたい。テクノロジーは信じがたいほどの速度で進化しており、一般化して捉えることには慎重でなければならない、昨日のテクノロジーは、今日のテクノロジーとはもう異なっているからだ。このことを忘れるべきではない。そして、これから見ていくが、新しい形態のテクノロジーや新しく考案された用途は、ごく近い将来、私たちの人間としてのニーズや社会的ニーズに、今よりもはるかに効果的に応えてくれるものになっているだろう。

その一方で、「気を散らす要因群」が私たちの注意力をそらしている。しかし、実は、これは悪いことではない。なぜなら、これがあるために、私たちは否応なく考えざるを得ないからである。たとえば、私たちが学びということに焦点を合わせ、その取り組みを深めていく上で、テクノロジーをどのように活用できるかを、熟慮せざるを得なくなるからである。もう一つ例をあげてみよう。マギー・ジャクソンは、私たちの注意力散漫状態が「常態」になることを心配するあまり、その著書『気が散る』の副題を「弱体化する注意力と来るべき暗黒の時代」としたほどである。ジャクソンの主張の前提はシンプルなものである。すなわち、「注意力を深く保ち、持続性をもたせ、鋭敏なものにする私たちの能力——これらは、深い理解力、智慧、そして文化的進歩のための基礎的な構成要素である——は、私たちの生活様式によって弱体化されている」というものだ。私たちは、人間としてもつべき焦点、判断力、そして意識を失いつつあり、このままでは私たちは絶滅するだろう、とジャクソンは言う。

2　テクノロジーと人間は相互に形成し合う

「ミルクセーキの失敗」の教訓

運命を占うような暗い話はもう十分であろう。マクルーハンの予言が当たったのは、一部に過ぎない。確かに、私たちは道具をつくり、次に道具が私たちをつくるが、道具が私たちをつくるのは、最初の段階だけである。この関係性は、いつまでもそうである必要はないのだ。双方向性の関係性に変えることができる。クレー・シャーキーは、いわゆる「ミルクセーキの失敗」について論じている。これは、ハンバーガーチェーンのマクドナルドが、どうすればミルクセーキの中身の品質向上を図れるかについて、調査をしたときに犯したミスのことである。一人の調査員は、人はいつミルクセーキを買っているかに焦点を合わせ、午前八時の客層というまったく別の答えを見つけたのであった。ミルクセーキは、おいしくて、量も多く、体に摂取しやすかったがゆえに、この時間にミルクセーキを求める客たちが多かったのであった。この調査員が疑問に思ったことは、基本的には、「どんな仕事をしている人が、午前八時にミルクセーキを買っていくのだろう」ということであったのだ。

シャーキーは、一九九〇年代に自分も同じミスを犯したと言う。当時は、彼はコンピュータの性能やインターネットに焦点を合わせることに熱心になるあまり、「人間の願望がそれらをつくっていく様子にはほとんど注意を払わなかった」。この点にこそ、テクノロジーの暗い側面ばかりが幅をきかせている時代の潮流を、何とか逆転させたいと考えている私たちにとって、第一歩となる答えがある。テクノロジーに焦点を合わせるな——その用途に焦点を合わせよ、である。

ケビン・ケリーは、「テクノロジーは何を望んでいるか」という興味深い問いかけをしている。この問いへの答えを考えることで、私たちは正解に一歩近づく。第一に、ケリーは、私たちはテクノロジーとの関係において、もっと主体的であれ、と言う。「これから先、テクノロジーとどう関わっていくかを考えるとき、私たちは運命にも似た予感を抱くのであるが、それを避け得ぬものだとして恐れをなしてはいけない。むしろ、備えをしつつ身を乗りだして待ち構えるべきである。」ケリーは、テクノロジーの両面性に注目して、「人間は、テクニアムにとって、主人かつ従僕の両方である」と言っている（ケリーはテクノロジー全般を指すために、この「テクニアム」という用語を使っている）。私たちの宿命、あるいは将来とは、私たちがいつまで経っても落ち着くことのないこの矛盾する二重性の中にいることを、認識せざるを得ないことである。つまり、テクノロジーのもたらす特定の用途に絶えず感謝しつつも、その良い面と悪い面の両方に絶えず警戒の目を向けなければならない、ということである。

　言い換えれば、大事なのはミルクセーキではなく、それを買う顧客なのだ！　テクノロジーの将来とは、つまるところ人間である。私が本書でまさに実践しているように、私たちが、人間として、テクノロジーに何をさせたいかということに、焦点を合わせなければならない。世のなかには、いつも利己的で憎悪に満ちた悪い輩がいるということを認識しつつも、人類の進化過程は向社会的行動や共同ということに沿ってきたことも、事実である（デービッド・スローン・ウィルソンの『万人にとっての進化』を参照されたい。同書は数巻からなる大著の一部であるが、あまりに膨大であるためここでは論評を控えたい）。テクノロジーの進化過程をみると、ただ中立的であったといって済ませるわけにいかない。私たちがテクノロジーにどんなことを望んでいるか、その期待によってもテクノロジーは形成されてきたと言えるのである。テクノロジーの成長は止められないものだという意味で、テクノロジーはそれ自身の命をもっていると言える。ならば、私たちがしなければならないことは、機械に対抗してではなく、機械とともに、そして機械に無知のままでいることなく、どうやって仕事をしていくかという問題を絶えず考える努力をすることである。

課題の中に最大の可能性が含まれている

複雑性の理論は、次のことを教える。すなわち、人工的につくられる物の進化と人間の進化は、平行した道に沿って進み、その途上でポジティブな形で輻輳していく可能性が高く、同時に課題が生じる可能性も絶えずある、と。これこそが、私たちは何を望んでいるのか、また、望んでいることを、テクノロジーを駆使してどのように実現するのか、に注意を怠ってはならない理由である。ケリーは、述べている、「まさに、テクノロジーは、それ自体の自律性をもち始めており、それ自体のもつ課題も、ますます極大化されて私たちの目の前に出現するであろう。しかし、こうした課題には——その最重要の結果として——、私たちにとって最大の可能性が含まれているのだ」と。ケリーは、自分の問いかけに対する最終的な答えとして、「テクノロジーが望んでいることは、生命体が望んでいることと同じである」と結論づけている。以下が、その理由である。

- 効率性を増すこと
- 機会を増すこと
- 複雑性を増すこと
- 多様性を増すこと

・専門性を増すこと
・遍在性を増すこと
・自由度を増すこと
・相互性を増すこと
・美を増すこと
・感覚性を増すこと
・構造性を増すこと
・進化性を増すこと

テクノロジーと教育

こうした考え方をテクノロジーと教育に向けると、私たちはこれから歩むべき道のりが長いものであることを覚悟しなければならない。学校教育におけるテクノロジーには、ネットいじめや不適切な性的メールなどの暗い側面が含まれるが、最大の問題は、テクノロジーが学校教育にまだそれほど行き渡っていないということである。生徒たちの生活のうち、テクノロジーに関わっている部分は、大半が学校の外にあり、それもかなり不規律状態にある。このことは、注意散漫状態を心配する批評家たちの指摘を想起させる。批評家たちは、脳が皮相的になり、長期的には脳が萎縮することを問題視している。クローディア・ゴールディンとローレンス・カッツは、彼らの表現を使えば、アメリカにおける「教育とテクノロジーの競合」について、詳細に論じている。どちらが優勢になっているか、誰でも容易に推測できるだろう。一九八〇年まで、アメリカは教育と不平等の是正において、世界をリードしていた。その後の三〇年間、アメリカの教育の成果は、徐々に衰退していった（ちなみに、生徒の到達度を測定するのにどんな尺度を使うかにもよるが、現在のところ世界で二五番目あたりである）。この間、アメリカでは不平等が増加の一途をたどっている。

ゴールディンとカッツは、次のように結論づける。「ここ数十年間、テクノロジーは教育に先んじて急成長している。これは、スキル偏重の技術変革が加速を増したためでなく、教育の進展が停滞しているからである」と。比較考察のために、「テクノロジーは、学校内部においては、進展していない」という見解を考えてみていただきたい。本書では、私たちの回答は、学校の中にテクノロジーを詰め込もう、ということにはならない。私は、これを「誤った牽引力」であると呼んでいる。そうではなく、テクノロジーによってどのように仕事領域を広げるかだけでなく、テクノロジーをどのように私たちに役立たせることができるかを、考え直そう、ということである。

テクノロジーの支配力に打ち克つ

ラリー・ローゼンは、学校がデジタル世代といかに没交渉になっているかを、指摘している。彼は言う、今日子どもたちは学校を嫌っている、その理由は、子どもたちの学び方が、学校の先生が教える教え方とは非常に異なっているからだ、と。ローゼンは、豊富な定量的データをあげて述べているが、おそらくデジタル世代を褒め過ぎである。彼は、この世代は、生まれたときからテクノロジーに触れ、マルチタスクが上手であり、仮想現実社会が大好きであり、かつ自信があり、変革というものに開放的だ、と言う。

しかし、彼が、子どもたちが絶えずデジタル・メディア（媒体）に浸って生活していることを指摘している点は、正しい。彼は、一つのグラフを示している。このグラフには、子どもたちが、さまざまな異なるメディアを、一日あたりどれだけの時間を使っているかを、時分で示している。生後六カ月から三歳までの子どもは二時間三五分、九歳から一二歳までの子どもは九時間四六分、一六歳から一八歳までの若者は二〇時間二〇分となっている。一日のうちでこれだけ多くの時間デジタル・メディアを使っているとすれば、推測するに、皆マルチタスクを行っているのであろう。赤ん坊を含めてというよりは、特に赤ん坊が。

ローゼンは、次のように議論を展開し、私たちの成層圏モデルと同じことを予測し始める。すなわち、「コンピュータ時代の教育モデルは、ソーシャル・ネットワークを、生徒の興味・関心を高め、教室での活動を活発化するための貴重な源泉になるものと、捉えなければならない――（私（フラン）たちのモデルでは、教室外の活動をも含んでいる）。鍵は、生徒たちはソーシャル・ネットワークが大好きであることを梃子として利用し、生徒たちの身辺にさまざまな教育的なツールをつくっていくことである」と。

ローゼンが、その最新刊の著書の中で、劇的な変わりようと言ってよいほどに、真剣な立場をとっていることは、示唆的である（おそらくは、テクノロジーのもつ暗い側面についての事例がたくさん報告されているからであろう）。彼は、一連の危険性を「デジタル障害」と呼んでいる。彼の新刊書の題は、副題も含めると次のとおりである。『デジタル障害――過度のテクノロジー依存を理解し、テクノロジーの支配力に打ち克つ』。

ローゼンは、テクノロジーが私たちの生活をますますコントロールしていることを示す事例を何ページにもわたって、数多くとりあげている。私たちの生活を、広範囲にわたって機能不全に陥らせる事例として、軽いものとしては、私たちが誰と一緒にいようとも失礼を顧みず、数分ごとにメールをチェックするという例をあげ、もっと精神病に近いものとして、妄想、幻覚、社会的回避傾向といった統合失調症的行動の例をあげている。

ローゼンは、人を衰弱させるさまざまな問題を読者に紹介する。それらの問題はテクノロジーが直接に引き起こすわけではないが、当然テクノロジーが関わっている。彼は、私たちの日常の生活のさまざまな場面でデジタル・テクノロジーが使われるようになったことから生じている歪みを、次のような領域に分けて、各事例の概略を示している。すなわち、ナルシシズム（自己陶酔症）（すべては「私」に関わる、「私」がすべての中心である）、執着（毎日二四時間一年を通じてチェックしないと気が済まない）、依存症（衝動性への耽溺、大騒ぎ嗜好、そして社会的逸脱）、ＡＤＨＤ（注意欠陥多動性障害）（ハイパーリンク［注：クリックすると関連ページに移動できるリンク］で直ちに満足感を覚え、それに振り回わされる。これには、情報過多、睡眠不足、一つの仕事にじっくり取り組んで最後までやり抜くということができないという不能力が、ついて回る）、上質な関係性の低下（人への共感的理解力の低下を含む）、心気症（健康であるのに病気だと信じ込む）（医学的知識の生かじりは危険である）、外見への病的執着（摂食障害と関係している）、統合失調症的行動（一人でいることのほうが好きで、情緒的には冷淡、何事にも距離を置いて見る）、そして窃視症（実行には参加しないでただ眺めている）である。読んでいるだけで日が暮れそうなほど、たくさんある！

ローゼンは、上記のような研究にかなりの年数取り組んできた人である。一九八〇年代に科学的研究をやり始め、それが今日まで続いている。彼は結論づける。私たちは、日を追ってテクノロジーへの依存度を高めているが、ますます心配になってくるのは、「私たちの身に何が起こっているのかを認識しないまま、デジタル障害に至る道に向かって、喜々として歩んでいることである」と。
ローゼンの議論の趣旨――これは本章のテーマでもある――は、テクノロジーを疑え、ということではない。むしろ、テクノロジーのもつ依存癖誘発力を減じて、そのとてつもなく並外れた利点を最大限利用するために、その危険な側面を認識する必要がある、ということだ。基本的な問題意識は、人間と機械のうちどちらが責任を負っているか、ということである。

「成層圏」の構想と本書の構成

これが、教育や学校教育の場面になると、さまざまなまったく新しい一連の課題が明確になる。学校教育の退屈さは、外部世界のデジタル依存癖誘発力に対抗していく上で、敵ですらない。学校の内部でテクノロジーが目立つとすれば、それが存在しないためであるか、あるいは存在したとしても、皮相的なその場しのぎの使い方をしているためかの、どちらかであろう。『成層圏の旅』は、この状況を変えたいと思う。私たちは、世界に深く関与した学び、世界的な広がりをもった共同的な課題解決的な学びを目指しているが、こうした世界を私たちの眼前に展開させる上で、テクノロジーはどのように活用できるであろうか。要するに、テクノロジーは、うまく使えば、私たちが望んでいる充実した未来へと、

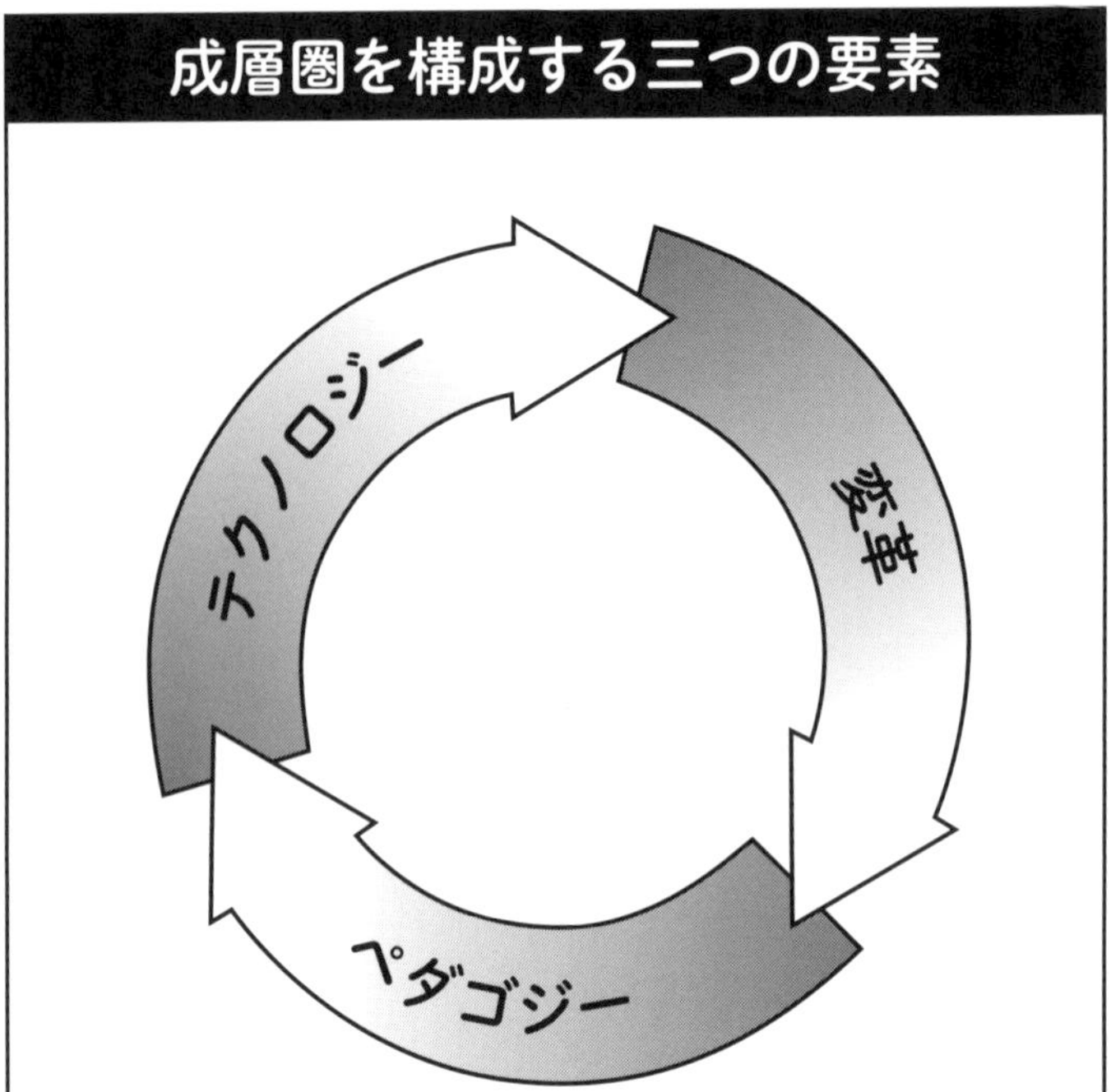
成層圏を構成する三つの要素
テクノロジー
変革
ペダゴジー
図 2.1

私たちが急激に突き進んでいく上で有用なものとなり得るのである。

本書の以下の章では、次のことを具体的根拠をあげながら論じていく。(a)アメリカの学校は危機に瀕している、(b)過去三〇年間の解決法は、不器用なものであり事態を悪化させただけであった、そして(c)ペダゴジー（教授法）とテクノロジーの両方で、新たな展開が起こっており（現時点では、それぞれ別個に起こっている）、これが、強力な解決策とは何かを見極めていく上で、近い将来大きな決め手となる可能性がある。

突き詰めて言えば、解決策は、ペダゴジー（特に、私たちはいかにして学ぶかということを土台にしてつくられる）、テクノロジー（特に、それとの関わり方を巡って）、および変革の知識（特に、変革をより容易にするということを巡って）の、三つの進展を統合することから成り立っている。この組み合わせがうまくできれば、学びの水門が開かれ、誰も制止できないようなエネルギーの迸りや参加意欲が見られるであろう。このことは、個人と世界の両方を同様に利するだろう。

第三章では、ペダゴジーと変革から始め、最後に新しいペダゴジーのイメージを示し、変革への展望は私たちが考えている以上にまたとない好機である、とくくる。

第四章では、デジタル時代の牽引力となるものを直接見ていく。デジタル時代の牽引力とは――これまでのところ期待外れの様相を呈しているが、実は夢のような可能性を秘めている――教室や学校をひっくり返すようなまったく新しいペダゴジーから成り立っている。これは、テクノロジーのもつ新しくかつ卓越した機能があって、初めて可能となることである。

第五章では、変革設計および変革知識――大規模な変革を成功させる上で、私たちは何を知っているのか――の問題をとりあげる。私たちの言う「システム全体の改革」――あらゆる学校、あらゆる学校区、あらゆる州、あらゆる国々、あらゆる生徒たち、そしてあらゆる教師たち、を含む――をおこなう上で、何が必要となるのか。心をわくわくさせるような新しい設計基準は、もしシステム全体に関わる変革の知識の中に組み込まれるとすれば、近い将来、数々の大きな可能性を生むだろう。

最後に、第六章では、私たちはテクノロジーと和解する方法を考える。テクノロジーには、確かに危険な罠もある。しかし、マイナスよりもプラスの可能性のほうがはるかに大きい。学びという営みを、テクノロジーとともに競走すること、と定義すべきときである。

それでは皆さんを、成層圏へと案内することとしよう。

第三章

ペダゴジーと変革——本質は易しい

「素のエッセンス」の威力

　アジアの生徒たちはどこにいても学業成績がよい、と言われる。アメリカの生徒たちは怠惰であるが、アジアの生徒たちは勤勉である、というのがその理由だ。他人のことはいざ知らず、私も退屈を覚えると怠惰になる。退屈を覚えること以上にひどいことが一つだけある。それは、退屈している者を教えるという責任を担うことだ。しかも、教える側には、何をやっていいのか、さまざまな制限がつく場合だ。『成層圏の旅』は、生徒および教師の両方の生活をエキサイティングなものにしよう、というものである。両者の学びの方法が、密接に結びついている。本章では、生徒にとっても大人にとっても、「変革は易しい」ということに焦点を合わせていく。また、新しいペダゴジー（教授法）にも焦点を合わせていく。この新しいペダゴジーは、「変革は易しい」とぴったり符号する（難しいのは、旧来のやり方を支えてきた諸機関を変革していくことであろう――しかし、これとて人が思うほど難しくはない）。

　私は、私たちが「素のエッセンス」と呼んでいるものの威力を大いに評価している。一つの課題とその解決策を、エッセンスで表現するとどうなるであろうか。大きなブレークスルー（突破口）となったものは、ほとんどすべてが、焦点を合わせることによって生まれたものだ。すなわち、精選された少数の野心的な目標に取り組み、これまでとは異なる、単純さのなかにもエレガントさがあるものを創造することで生みだされている。素のエッセンスによる解決策では、段取りをつくる設計段階の作業が大変なものがある。しかし、その段取りどおりに実行する段になると、人を引きつける力をもち、大変な仕事ですら容易になる。教育を素のエッセンスで捉えるとすれば、次の二つのことは捕捉しておかなければならないだろう。すなわち、関与と効率（高利回り）である。テクノロジー、ペダゴジー、そして変革の知識の三者を統合し、学んだことが自然に、より広範囲に応用できる、そのように作用していく学びの経験を創出できるように、設計していくことが可能となる。

私たちの同僚フィル・シュレヒティは、大事なのは教師が成果をあげるというよりは、生徒が成果をあげることなのだ、ということを、過去四〇年の大半を使って、教育関係者たちに説得することに努めてきた。学びというものは、言ってみれば、目的意識をもった関与である。積極的に関与していく生徒は、注意力が行き届き、情熱をもち、粘り強く、かつ取り組んでいることに意味と価値を見いだす、とシュレヒティは言う。積極的に関与する生徒は、学びに費やす努力は報われるということを知る（高利回り）。

テクノロジーの話題はしばらくさて置くこととして、変革ということが生徒にとって、また大人（教師）にとって、どのように起こるかを考えてみよう。最近の調査では、こうした変革は私たちが考えている以上に容易であることが分かっている。

1 変革と生徒

社会心理学的介入――二つの演習の効果

私たちは、オンタリオ州で二〇〇三年から二〇一一年までの間に、全九〇〇校で、中等教育学校の卒業率を六八%から八二%に引き上げることができた。そして、この成果をあげることは、かなり容易であった！　その理由と方法については本セクションの後段で述べることとし、まずは最近の調査・研究で、示唆的であったものをいくつか見てみよう。

デービッド・イェーガーとグレゴリー・ウォルトンは彼らの調査・研究を、「教育における社会心理学的介入――これは魔法ではない」という論考にまとめている。二人が発見したことは、学校の内外における生徒たちの思考、感情、および意見に焦点を合わせた短期的演習をやってあげることで、生徒の到達度を大きく伸ばすことができ、また数か月あるいは数年後には、到達度の差異を縮小することができる、というものであった。各生徒の個人的な経験をターゲットにすることが鍵である。意味を理解した上での関与が、その道筋である。これこそが、学びへの介入が成果をあげるための素のエッセンスである。

二人の共著者はいくつもの事例をあげているが、そのうち二つをここで紹介したい。一つの研究は、八回に及ぶ演習に参加した生徒たちは、この演習に参加してからその年度の最後まで、数学の到達度において劇的な伸長を見せたことを報告している。演習の内容とは、人の脳は一つの筋肉であり、努力するごとに成長すると教える。他方、こうした要件をまったく加えていないほうのグループは、学習のスキルについての演習を受けていたが、何ら成果と言えるものは認められなかった。もう一つの研究では、生徒たちに、一五〜二〇分の作文演習で、自分の有するもっとも大事な個人的価値について書くように求めた。すると、その学期の終わる頃までには、アフリカ系アメリカ人の生徒とヨーロッパ系アメリカ人の生徒の差が、約四〇%縮まったのであった。作文演習による介入をさらに追加することで、この差異縮小の流れを維持することができたのであった。

一つの短期的な心理学的演習が、常々克服不可能と見なされてきた問題に、これほど大きなインパクトを与えるということが、どのようにして可能になったのか。答えを端的にいえば、こうした取り組みは、生徒が学びのチャンスに自身を関係づけられるような、繊細で新しい方法を示してあげることで、生徒たちのマインドセット（思考態度）に、刺激を与え、働きかけた、ということである。小さな介入にしか見えないことが、生徒にとっては非常に大きなものに見えるということはあり得るのだ。介入というものは、生徒の意識にとどまっていなくても、インパクトはもち得る。一つのメッセージが、学校や自分自身についての生徒の考え方や感じ方に、何らかの影響を及ぼすならば、それは、ゆくゆくは生徒の潜在意識に働きかけ得るのだ。イェーガーとウォルトンは、これを、「忍び足」の介入と呼んでおり、これこそが生徒たちの伸長を促している本質である。介入にはいろいろなやり方があるが、どれ一つとして、生徒に違った考え方をしなさい、と直接説得するようなやり方はとっていない。「単に生徒に指示を与え、生徒は受け身でそれを受け入れるだけというのではない。一つ一つの介入が、生徒が能動的に（かつ、知らず知らず）参加するものであり、あるいは介入そのものは生徒が生みだしているものと、捉えていたのだ。」

こうした「忍び足」の介入は、生徒に烙印を押すことはないという付加価値もある。援助の必要な生徒として、選んで取り出すということはしない。忍び足の介入は、短期的なものであるがゆえに、経費もさほどかからない。イェーガーとウォルトンは、こうした介入は長期にわたる場合もある、と言う。なぜなら、介入が目指しているのは、社会的、心理的、そして知的なプロセスを、絶えず回転させることだからだ、と。このプロセスは、結果として、初期の成功、これまで以上に大きな帰属意識、そして、生徒たちは自分の能力の限界を超えてさらに多くのことを学べるという信念を生むに至る、と。こうした介入は、それを支えるサポート体制がしっかりしていると、生徒たちの学習生活を根本的に変え得るのである。

イェーガーとウォルトンは、こうしたさまざまなタイプの介入は、ただ実践あるのみ、といった問題の捉え方はしていない。介入には、教育者の側に、理論的専門技能（心理的経験が実際にどのように作用しているかを理解すること）と文脈的専門技能（生徒の背景や経験をその環境において理解すること）があることが必須である。言い換えれば、ここでの素のエッセンスは、介入が難なく行えるためには、洗練された指導手順と教師の力量が求められる、ということになる（第五章を参照）。

ほんのわずかな介入

本セクションの初めに、私は、オンタリオ州の九〇〇校における中等教育学校の卒業率を好転させることは、思ったよりも容易であったことに言及した。ベン・レビンが、当時は教育省副大臣であり、内部からの改革を主導したのであった。彼は、広範な調査研究を行い、この改革について『中等教育学校の卒業生をさらに多くだそう』という本を書いている。ここでは、詳細に立ち入るつもりはないが、基本的なことを言えば、次のようになるであろう。すべての生徒がどこに立っているかを知り、性急な評価判定はしないという態度で介入を行い、プログラムをうまく組み合わせ、指導と学びの両方を改善することに努め、そして学校をコミュニティーと深く結びつけていること——以上のことが必要である。

しかし、小さなことが大きな違いをもたらした例もある。私たちは、「生徒を成功させる教師たち」という新しい役割をつくったのであった（一校あたり一名、一学校区あたり一名、合計するとおよそ千名になる）。「生徒を成功させる教師たち」は、学校リーダーたち、教師たち、生徒たちと共同して、生徒たちと個人的なつながりをつくっていく。この取り組みの多くは、生徒の個人的な経験に焦点を合わせている点が、イェーガーおよびウォルトンの社会心理学的介入とよく似ている。レビンは、この取り組みをしている過程で、私たちが本章で論じているような発見に偶然行き当たったのである。彼はこれを、生活を変革する二〇分、と呼んでいる。

一つのアイデアが、いくつかの場所から、ほぼ同時に、私たちのところに寄せられるとき、思わぬ素晴らしい発見に巡り合うときがある。そういう発見があるときには、それは私たちが本気で注目しないといけないものだと思わせるものをもっている。私はそういう経験を、過去数か月間に三つしている。どれも、教師は生徒の将来に違いをもたらし得るという例である。特に、中等教育学校でこの例が顕著であり、また、必要な時間と労力は、しばしば驚くほど少ないのだ。多くの場合、大人の励ましと配慮が、たった二〇〜三〇分あるだけで、一人の生徒を誤った道から正道へと移してあげられるのである。

レビンがこうした発想と初めて出会ったのは、中等教育学校の教師で、現在オンタリオ州教育研究所の研究生をしているアマンダ・クーパーとの会話の中であった。彼女は、課題のある生徒たちの指導や支援に取り組んでいる自分の同僚教師たちと、いろいろ話し合ったことを詳細に語ったのであった。彼女は、同僚教師たちとの会話の中で、一人の生徒の学校における態度をネガティブなものからポジティブなものに変えるのに、どのくらいの時間をその生徒に費やす必要があるか、と聞いたのであった。同僚教師たちの出した結論は、多くの場合、集中する時間が二〇分取れれば、生徒の態度、外見、行動に、顕著な変化をもたらすことができる、というものであった。

次に、レビンは、アメリカ教育研究協議会主催のある会議で、ワシントン大学教授で彼の友人であるスーザン・ノレンの話を聞く機会があった。彼女は、自分と一緒に共同研究をしている教師たちに、教室外で三〇分の時間を使うよう求める――たとえば、昼食時である。その目的は、まだ関係性がうまくできていない生徒たちをよく知るためである。ノレンは報告している。教師たちは、この単純な実践により、当該生徒自身のことをより深く、よりポジティブに理解できるようになっただけでなく、当該生徒の授業に取り組む姿勢が劇的に変わるきっかけにもなった、と異口同音に興奮気味に語った、と。生徒たちは、自分たちと関わりのある大人たちが、自分がどんな人間であるかに関心をもってくれていると感じたとき、ポジティブな貢献をしたいという積極的な気持ちを高揚させたのであった。

レビンによれば、同じような趣旨の三番目の事例は、『教育リーダーシップ』誌の二〇〇八年三月号の中にあった。生徒たちの中に最善の部分をどのように見いだすか、という内容の記事があり、この記事が、「二の十倍」とか呼ばれている戦略を考えたレイ・ウロドコウスキーの論考を引用していたのだ。「二の十倍」とは、一日に二分間、これを十日間連続し、教師が、課題のある指導の難しい生徒と個人的な会話をしなさい、しかも生徒が興味・関心をもっていることを話題にしなさい、という意味である。上記記事の著者は、この単純な戦略を実践してみると、ほとんど例外なく、教室における生徒の態度や行動に、顕著な向上が見られた、と報告している。

本質は易しい

以上を要約すると、具体的な事例はさまざまであっても、それらに共通しているある種の新しい一貫性が見えてくる、ということである。私たちは、生徒の個人的な経験に焦点を合わせられるよう、アプローチの仕方を転換する必要がある。その上で、生徒たちを、新しく、有意味でエキサイティングな学びの方法へと、誘導していく必要がある。私たちが、ひとたび、従来のスタンスを変え、これまでとは異なった方法で教育にアプローチしていけば、ほんのわずかな介入をするだけで、大きな、新しい学びの軌道が、眼前に見えてくるかもしれないのである。言い換えれば、変革と学びは、これまでとは比較にならないくらいに、生産性が高く、容易、かつ比較的低廉なものとなるのである。

お気づきであろうか。本セクションでは、ここまで、まだテクノロジーのもつ利点をとりあげてさえいないことを。もし、テクノロジーが、多面的な「忍び足」による学びへの介入に従僕のようにして用いられるとすれば、どんなことができそうか、想像してみていただきたい。もし、私たちがペダゴジーをきちんと整備し、同様にテクノロジーもきちんと整備すれば、学びは、より容易になり、より深く、より魅力的なものとなるだろう。生徒たちも、教師たちも、長い時間をそれらに注ぎ込むことになるであろうが、そうした時間は仕事をしている時間のようには感じられないのである。これまで本セクションで生徒について見てきたことは、人間はどのように学ぶものであるのかということについての、ほんの一例に過ぎない。これは、私たちが大人の学びについて考える場合にも、同様に「本質は易しい」という部分を探していけばよい、という意味である。教師にとっての解決策と生徒にとっての解決策は、一つのパッケージとして捉えていかなければならない。

2　変革と大人

小さな出来事と大きな反応

テレサ・アマビルとスティーブン・クレイマーは、その共著『進展原理（プログレス・プリンシプル）』の中で、「いくつかの小さな成功を利用して、仕事の喜び、関わり、創造性を燃え立たせる」ことについて述べている。これは、先ほど私たちが生徒に関して見てきたことと同じコンセプトである。二人の研究は、よりよき変革への鍵となるのは、「内面が輝く生活をつくりだすための条件整備をすることである。つまり、ポジティブな情緒、強力な内的なモチベーション、そして同僚と仕事そのものを好ましいと認識できる風土、を育てるための条件をつくっていくことである」と述べている。アマビルとクレイマーは、さまざまなチームを研究し、たとえ小さな出来事であっても、大きな反応を呼び起こすことがあり得る、という発見をしている。意味ある仕事をして、たとえ小さくとも進展があれば、人をさらに多くのことをやりたいという気にさせる、最強の刺激剤となる。

アマビルとクレイマーは、働く人たちを見て、いくつかの事例を集めている。日常の勤務日でごく些細な出来事に見えることが、彼らの感情、思考、モチベーションを大きく高揚させたり、あるいは落ち込ませたりする事例を。二人が発見したことは、人が進展があったと報告した日には、彼らは仕事の喜びや困難な課題によって、より内在的にモチベーションを高められていたということであった。失敗や挫折があった日には、この同じ人々が、内在的なモチベーションを低下させただけでなく、外見的にもモチベーションの低下が視認できたのであった。失敗や挫折は、一般的に、人を仕事に対して無感動・無関心にさせるのだ。

二人の研究者は、また、日ごとの全体的な気分を測定するための、彼らなりの尺度をつくっている。この尺度を進展、あるいは失敗や挫折と関連づけてみた。すると、最良だった日々のうちの七六％が進展と関連しており、最悪だった日々のうちの六七％が失敗や挫折と結びついていることが分かった。ここで思い出していただきたい。私たちの気分を、丸一日あるいはそれ以上、左右しているのは小さな出来事なのだ、ということを。たとえば、誰かほかの人から親切にされたとか、取るに足りない問題を解決できたとか、何かが初めてうまくいくのを見たとか。いちばん大事なことは、外部から与えられる刺激策や評価ではなく、ましてやポジティブなフィードバックでもない。大事なのは、仕事の進展であり、進展が起こる可能性をさらに大きくするような条件をつくりだせる経営管理者である。

ここでも、素のエッセンスをまとめてみよう。いちばん大事なのは、仕事そのものが進展することであり、日常を基本に、小さな成功や挫折に注意を向けることである――これこそが変革をマネジメントしていくためのエッセンスである。人々が有意味な仕事に関わっており、かつ自分はできると感じており、かつたとえ小さくとも進展するためのサポートを得られていれば、モチベーションが上がり、次なる課題に取り組もうと前向きな気持ちになるものである。成果をあげる組織は、こうしたポジティブな進展のサイクルが行き渡るような条件を育てる。

小さな進展を積み重ねられる設計をする

もちろん、組織レベルで成果をあげるには、小さな成功以上のものがなくてはならない。アマビルとクレイマーは、大事なものとして、いくつかの触媒的要因（たとえば、リソース、自律性、そしてサポートである）と栄養的要因（敬意、協調性、そして情緒的サポート）をあげている。しかし、そうした要因は、目下のところ私たちの関心の対象ではない。大事なことは、人々が――たとえば、生徒も、教師も同様に――何らかの進展を定期的に実感し、経験する必要があるということである。二人の共著者も述べているように、ビデオゲームをつくる人たちは、皆、小さな進展を積み重ねられるように設計することが、大勢の愛好家を引き込むための秘訣だということを知っている。

どうやら、管理職たちはこうした小さなことを当然視し、もっと大きなこと、たとえば、企画、明確な目標、データ、リソースの配分、定期的な評価と報酬などに、焦点を合わせているようだ。アマビルとクレイマーは、ある調査の中で、この仮説を実際に検証してみた。二人は、六六九名の管理職に、職員のモチベーションを左右しそうな要因を順に五つあげてください、と質問してみた。すると、要因の一つ、「仕事で進展できるようサポートすること」は、ほかの四つの要因——正当な評価、刺激策、個人的サポート、明確な目標——よりも順位が低く、最下位であった。同じく、アマビルとクレイマーは、大企業の経営管理者の年次総会で、企業のリーダーたちに、従業員のモチベーションを高めるために管理職はどんなことができるか、と聞いてみた。二人が得た回答結果は、いつもどおりの要因の羅列になった。そこには、仕事で日ごとの進展を図れるようにサポートすることに言及したものは皆無であった。さらに質問を続けると、企業のリーダーたちは、もちろん日常的なレベルで進展することはモチベーションの向上につながると答えたものの、明らかに、毎日そのことに気を遣っていくことの必要性は感じてはいなかったのである。

生徒と教師が共同的に刺激を受ける

新しい「ペダゴジーとテクノロジーの組み合わせ」は、生徒たちが学びたいことに対する目的と情熱を引きだし、刺激し、あるいは創りだすものであることを、のちほど生徒について述べた項で見ていく。アマビルとクレイマーが主張していることの趣旨は、大人――この場合は、教師たち――も、同じようなモチベーション上の経験をしなければならない、ということである。「成層圏」のもつ魔法とは、生徒と教師が、ディープラーニング（深い学び）を追求すべく、共同的に刺激を受けることである。これは、彼らの情熱と目的によって支えられる。生徒と教師の両者とも、その気にさせられるものである

3　新しいペダゴジー

「使うのが易しい」とは他者と共同し易いこと

どうすれば生徒たちの学びがもっともうまくいくかということが、近年ますます明確になりつつある。それは、生徒たち個々の自我というものを引きだし、それを梃子として使っていくことと大いに関係している。これまで構成主義的アプローチと呼ばれてきた考え方は、以前からあったものであるが、最近まで理論的レベルの域を出ないものとして扱われてきた。現在では、依然として小規模ではあるが、もっと具体化して捉えるようになってきている。その新しい例は、私たちの規準に適うものである。すなわち、魅力的であり、

使うのが容易であることである。使うのが容易とは、単純であるという意味ではない。むしろ、それに関与していく取っかかりやすさや他者との共同のしやすさ（自分がやりたいことをやっているときに、共同ということをどう捉えるかという発見）ゆえに、使うのが比較的容易という意味である。この点をもう少し詳しく見てみよう。

「イノベーターの育て方」――新しいペダゴジーの精神

トニー・ワーグナーの『イノベーターを創る』は、新しいペダゴジーの完璧な例である。彼は、イノベーション・マインドをもった学び手は、好奇心、共同する心を発揮し、さまざまな経験から学び試してみたいという願望を抱いている、という発見をしている。私たちの言う「使うのが容易」という点では、彼は、本章で先に紹介したテレサ・アマビルの著書に依拠している。ワーグナーは、アマビルの三つの構成要素にもとづく創造性モデルを、彼なりに応用している。三つの構成要素とは、専門技能（知識）、創造的思考（課題解決）、そしてモチベーション（内発的動機）である。ワーグナーは、モチベーションこそあらゆるよき学びの源泉であると捉えている。そして、内発的動機は、実際にやってみることと（実験すること）、目的（違いをもたらしたいという願望）、そして情熱（有意味だと思うことに献身的に取り組む）によって支えられるものだと結び、持論を開陳している。

ワーグナーの本には、生徒や指導にあたった教師の具体的な名前がいっぱい出てくる。皆、その学びの生活が、前述したさまざまな資質の例証になっている。たとえば、カーク・フェルプをとりあげてみよう。彼は、中等教育学校でも大学でも挫折を経験した人である。フェルプは、自分の学びの旅を振り返る。「何を学習するかは、さほど重要ではない。自分が興味があることをどのように見つけるか、それを知ることのほうが、はるかに重要だ。」彼は、学びの旅の途上で、自分は人と共同して具体的な有形の物をつくるのが好きだ、ということを発見する。彼を指導した教師の一人は、次のように語っているが、これは新しいペダゴジーをよく捉えた言葉である。すなわち、「力をつけてやること（エンパワメント）とは、生徒が社会に出ていき、これまで経験したことのない課題に直面したときに、これまでに学んだことを適用する、しかもこれまで使ったこともないような知識を適用する、そういう能力をつけてやることだ」と。

ワーグナーは、STEM領域（科学、テクノロジー、エンジニアリング、および数学）および社会的イノベーション領域の両方の事例を、具体的に名前をあげていくつか紹介している。彼は、ニューオーリンズのチューレーン大学におけるローラ・ホワイトという学生の成長過程を引き合いに出している。チューレーン大学は、学長スコット・コーウェンの主導によって、ハリケーン・カトリーナによる大災害があったことをきっかけとして、社会的イノベーションをテーマとする講座を設けている。講座の全体的なテーマは、「チューレーンのエンパワメントの取り組み」と呼ばれており、七つの柱から成る。すなわち、公教育、コミュニティーの健康、責任感のある次世代市民とリーダーたち、災害への対応と強靭さ、都市と文化芸術の物理的再活性化、教えることと学ぶことを中心とした教育センター、そして社会的イノベーションである。たとえば、一つのプロジェクトで、ホワイトはさまざまな「市民サークル」に関わった。市民サークルは、一つの社会的課題に対応するために人々が集まったものであり、変革を主導する過程で彼らが共同して学ぶ場であった。

以上に述べた経験は、すべて、今日の学校を学校たらしめている基本的な基盤とは、対照的である。ワーグナーも言うように、今ある学校は、個人的な競争に報い、教科をベースにしており（課題をベースにすることとは対照的）、外発的モチベーションに依存している（たとえば、等級分け）。これとは対照的に、ここでとりあげたうまくいっている事例すべてにおいて、当該生徒たちは、世の中で有意味なことを行うことを話題にし、一つの課題を解決することに焦点を合わせたプロジェクトのことを話題にし、チームとして取り組むことを話題にし、リスクを恐れずにやってみなさいという激励のある環境の中で取り組むことを話題にする。新しいペダゴジーには、生徒たちが目的や情熱を発見し、学びたい、学びを継続したいという欲求を掻き立てるような領域において、試行錯誤的に実際にやってみるのをサポートすることが含まれる。

「二一世紀になってますます顕著になってきたことがある」とワーグナーは言う。「何を知っているかということは、さほど重要ではない。知っていることを使って何ができるかということのほうがはるかに大事である。新しい課題を解決するために、新しい知識に興味関心を抱くこと、あるいは新しい知識を創出していく能力こそ、今日すべての生徒たちが習得しなければならない、唯一最重要のスキルである。イノベーターとして成功している人は、すべて、機に臨んで自分自身の力で学んでいき、その知識を新しいやり方で適用していく能力を身につけた人である」と。ワーグナーが文書化している新しいペダゴジーには、長ったらしい一覧表などはない。強調しているのは、次の点だけである。すなわち、現実の問題に対応すること、知的リスクを恐れないこと、問題の解決に試行錯誤的に取り組むこと、共同して学ぶこと、そして内発的なモチベーションである。

創造性は共同することを愛する

以上は、サー・ケン・ロビンソンが過去十年以上にわたって、エレガントな形で明確化してきたのと同じテーマである。彼がどんなに明確に述べても、依然として彼のことを芸術のスポークスマンと考える人がいる。彼が芸術を好んでいるのは事実だとしても、基本的には、彼はどの子どもにも創造性を身につけてほしい――演劇であれ、あるいは科学、数学、歴史であれ、どの分野においても――と提唱している。ロビンソンにとっては、もっとも大事な要素とは、「適性と情熱」から成るものであり、この適性と情熱は「態度と機会」という状況下で生き生きと育つものなのだ。彼は、数十の事例をあげている。その中には、伝統的な学校教育ではうまくやっていけない、あるいは好きではないという生徒たち、自分の情熱や目的を自身で発見した、あるいは支援されて発見した――これは、ワーグナーのいう「創造的な共同」と同じである――ときに、創造的なエネルギーが、学びの中で奔流のように解放される生徒たちのことが、とりあげられている。

自分の興味関心のある分野において創造的であるというのは、誰にも当てはまることだ、とロビンソンは言う。あまり深く掘り下げてはいないが、彼の次の指摘は要所を突いている。すなわち、「デジタルテクノロジーは、至るところ何百万人という人々の手中に、音、デザイン、科学そして芸術の分野で創造性を発揮するための未曾有のツールをもたらした」と。ロビンソンによれば、人は誰しも創造性の潜在力をもっており、皆、学ぶことでより創造的になることができる。そして、「創造性は共同することを愛する。創造性は多様性があってこそ成長していくものである」と。この意見表明も、学校に新しいペダゴジーが必要であることの確証を与えてくれる。さらに付言すれば、学問に年齢なし、である。学ぶのが遅きに失したということはあり得ない。人によっては、遅咲きの人もいれば、若い頃に自分の興味関心を見いだす機会に恵まれなかった人もいる。ロビンソンは、カリキュラムの中に芸術を入れる場所を求めているわけではない。生徒を入れる場所を求めているのだ。

教師は必要である。しかし、必要とされているのは、新しい役割である。すなわち、チェンジ・エージェント（変革の作動因、変革の推進者）としての教師である。ロビンソンはこれを四つの役割を担った指導者であると呼んでいる。すなわち、認識すること、激励すること、手助けすること、そして伸ばしてあげることである。現今の学校教育は、こうした可能性に対応できておらず、環境不適応率（伝統的な学校教育のやり方でうまく指導ができていない生徒の割合）は、皮肉にもテクノロジーがサポートの役割を担うようになるにつれ（テクノロジーのほうが学校よりも面白いのである）、拡大の一途を辿っている。現今のほとんどの生徒は、伝統的であろうとなかろうと、学校を魅力的なものとは思っていない。教師にも同じことが言える、とあえて言いたい。何かを捨てなければならないゆえんである。これを変革するとなるとかなり抜本的なものになるが、テクノロジー、新しいペダゴジー、変革の知識を有機的に組み合わせ、変容を誘導していければ、思ったほど難しくはないであろう。

生徒たちとパートナーを組む

マーク・プレンスキーも、同じ考え方をとっている。彼は、次のように主張する。目下改革に熱心な人たちは、二〇世紀に必要とされたことの改良版をつくろうとして一所懸命になっている。あらゆる子どもたちにとって、より良い、もっと未来志向の教育をつくり、実施していこうとは、思いつかないのだ、と。彼が求めている解決策は、ワーグナーの考え方とも、また私たちの提唱するテクノロジー、ペダゴジー、および変革の知識の成層的統合とも、深く共鳴し合うものである。プレンスキーは言う。答えは、新しい教育を明確に証明されたペダゴジー――彼はこれを「生徒たちとパートナーを組む」と呼んでいる――を土台にして、展開することにある、と。

「パートナーを組む」というのは、一種の包括的用語である。それは、課題解決に基づく学び、事例に基づく学び、問いかけに基づく学び、生徒志向の学びなどのアプローチを指している。多くのバリエーションがあるが、核となるその中心部には、変わらぬ同一のペダゴジーとしての理念がある。すなわち、「一方的に話す」ことによるティーチングに終止符を打ち、教師と生徒の担う役割の配置転換をすることである。

プレンスキーは、また、ワーグナー同様、（チェンジ・エージェントたる教師たちによって設計された）共同による学び、もしくは「仲間から仲間へ」という学びは、テクノロジーによって劇的なまでの追い風を受けた「無料のリソース」であるという指摘をしている。彼が、学びにおけるパートナーという言い方をするとき、彼は両方のプレーヤーを指している。私たちは、生徒はもちろんのこと教師たちも鼓舞する必要がある。両者の創造的エネルギーを解放することは、いかなる種類のものであれ解決策というものに深みと長寿をもたせる上で、不可欠なことである。

創造性の源泉

こうした新しい方向の学びと生き方については、ジョナ・レーラーの著書『想像せよ――創造性はどのように発揮されるのか』からも、さらに大きな支持を得ている。レーラーは、創造性を「存在したことのないものを想像する力」と定義している。彼は、極めて大事な洞察を二点、私たちに与えてくれる。一つは、認知力と想像力は密接に関連し合っているが、一歩ずつ段階を踏んで進むものではない、ということである。人が新しい発想を得るのは、次のようなときではないか、と彼は言う。すなわち、何らかの課題に合理性に基づいて取り組み、フラストレーションを味わい、そのあと一息休憩を入れ、直接的に課題解決に取り組むことはしばし止める。すると、新しい解決策を発見する――よく知られている「シャワーを浴びているときにベストの発想を得た」という現象である。彼の与えてくれる二番目の洞察は、基本的には成層圏と軌を一にするものであり、学びの条件さえ適切なものであれば、誰でも創造性を発揮できるようになる、というものである。

上記の最初の考えは、洞察というものは、私たちが一つの仕事に直接に関わることと、それから少し距離を置いてのんきに構えることとを、うまくバランスをとるときに起こるというものであるが、これは脳の活動中枢に関する新しい研究においても確証されていることである。レーラーも述べているように、左脳は自明の場所に答えを見いだそうとするが（第一章のマックギルクリストを思い出していただきたい）、もし課題が難しいものであれば、やがてその課題に飽きてくる。人が一つの問題に没頭することをしばし止めたとしても、右脳のほうは、言わば、意識下で、まだその問題に取り組み続けている、ということがあり得るのだ。ある時点に至れば――それがどういう時点なのかは容易には遡及できない――「答え」が青天の霹靂のようにしてやってくる。しかも、驚くほど完璧な形で。

レーラーは、fMRI（機能的磁気共鳴画像法）という先端技術による脳スキャンを使って、科学者たちが発見したことを、報告している。それは、突然何らかの洞察がひらめく、その直前には、同じく突然の脳の活動の迸りがある、というものだ。「答えが意識上に噴出してくる直前の三〇ミリセカンド［注：一ミリセカンドは、一秒の一〇〇〇分の一］

に、ガンマ波の急上昇がみられる。これは、脳が生み出すもっとも高い電気周波数である。」

言い換えれば、一途になって問題と格闘することは、問題解決の最善策ではないかもしれないということだ。ブレークスルーを切り開くには、左脳による直接的攻略といったこぶしを握りしめた抑制状態から、脱することが必要であるかもしれないのである。この洞察は、「既存の枠組みからはみ出した思考」というものにまったく新しい意味を付与してくれる。最善の思考とは、既存の枠組みからはみ出して、別の枠組みに入り込むが、依然として自分の頭脳を堅持していることである。

レーラーは、その著書の最初の半分を使って、一人だけで仕事をしている人たちがどんな新しい洞察を得ているか、その事例をいろいろあげている。学びのルールとは、次のようなものである。すなわち、一つの問題に直接的に取り組め、しかし熟慮のための時間、あるいは何か別のことに没頭できる時間を組み込んでおけ、というものである。レーラーは言う、「あなたは、解決不可能と思われる問題でにっちもさっちもいかなくなっていないだろうか。日の射す窓辺のソファーに横になってみるとよい」と。レーラーは、実証例をあげて語る。「いちばん大事な要因は、右脳から発するアルファ波が着実な流れを形成することである」と。アルファ波というのは、直接的な問題からしばし離れ、弛緩するための活動と関係がある。このアルファ波の流れは、私たちの精神がリラックスした状態にあるときに起こる。リラックスしているときには、「私たちはその注意力というスポットライトを内側に向けることが多いからである。内側に向けるとは、右脳から発する微かな連想群の流れの方へ、注意力を向けることである。」注意力が外側に向けられるとき、すなわち問題のあれこれの具体的詳細に向けられるとき（あるいは、外部からの過剰な刺激によって気が散るとき）、私たちは、洞察を生むことにつながるさまざまな関連性を見逃すことになる。

このようなアプローチの仕方は、確かに何かのおまじないのような学習方法に見えなくもない。しかし、これのもつ補完的で実際的な意味合いを考えてみよう。第一は、心得るべきは、私たちが行き詰ったときは、手元の複雑な問題から一旦離れる、そして黙想したり、ほかのことをやったり、あるいはリラックスする必要がある、ということである。この心得は、実際的である。というのも、実行するのは難しくなく、またしばしば驚くべき結果を生むからである。逆の面から言うと、私たちは、外的な力によって過度に攻め立てられると、ややもすると誤った方向へと引きずられていく。したがって、少し稼働を停止させる時間も必要だということになる。

創造的共同には黄金比のグループが不可欠

学びにとって、一定期間、一人でいる時間がきわめて重要であると同様に、レーラーは、また、複雑な問題を解決する上で、グループというものがいかに不可欠であるかを示している。この考え方も、一筋縄によいものとは言えない部分がある。というのも、グループの関係性に両極端があり、その場合には、よいとは言えないからだ。あまりにも似通い過ぎても、あるいはあまりにもバラバラ過ぎても、問題だからである。まさに、過ぎたるは猶及ばざるが如し、である。同じような考え方をもった人たちとだけやり取りをする、あるいは大勢の知らない者どうしで次々と連絡を取り合ってみても、機能不全に陥る。創造的共同が実現するときには、既存の関係性と新参者が適正な比率で組み合わさっており、まさに黄金比が見られるものである。

レーラーは、ブライアン・ウッジの研究を引用している。ウッジは、一八七七年から一九九〇年までのブロードウェイのミュージカルの成功を研究している人である。ウッジは、彼がQと名づけているコンセプトを測定している。Qというのは、演劇をプロデュースしている人たちの人間的親密度のことである。Q値が低い場合（すなわち、グループ内の親密度が頭打ちである場合）、あるいはQ値が高い場合（親密な友人とだけ共同している場合）、そのときのミュージカルの商業的な、あるいは採算面での成功率は、低かった。「中くらいのレベルの人間的親密さ」が明らかに見て取れるブロードウェイのミュージカルのほうが、二・五倍も、成功する可能性が高かったのである。親密な友人たちと新参者の組み合わせが、新しい発想へのアクセスを奨励するとともに、一定程度の快適さをもたらしたのである。

ブレーンストーミングがうまくいくためには

レーラーは、ブレーンストーミングがなぜうまくいかないかにも、新しい光を当てている。ブレーンストーミングが、成果をあげないのは、その本質上（つまり、批判をしないことを旨としている）、批判的なフィードバックがないからである。グループとなってブレーンストーミングをやった場合と、同じ人数が一人ずつ個別に作業をし、自分のアイデアを貯めていく、しかもアイデアを貯めた上で、相互のアイデアに建設的な批判を加えることが奨励される場合とを比べると、前者の場合は、生みだされるアイデアははるかに少ないのである。第四章において見ていくが、学んでいる過程における生徒へのフィードバックは、おそらく私たちが使える最強の指導戦略と言ってよい。失敗から学ぶということが鍵である。

創造性に関するレーラーの研究の意義を考えると、私たちは、再び、ワーグナー、ロビンソン、そしてプリンスキーの主張に引き戻されるのである。ここで、レーラーの引用している一つの調査を考えてみよう。教師たちに、自分の教室に創造性に富む生徒が欲しいかどうか聞いてみると、どの教師もイエスと答えた。しかし、教師たちに自分のお気に入りの生徒を評価してみてくださいと聞くと、教師たちがあげた回答はまったく別の話になったのである。「お気に入りの生徒たちの評価は、創造性と関連づけるとネガティブなものになり、反対に、お気に入りからいちばんほど遠い生徒たちの評価は、創造性と関連づけるとポジティブなものになった」のである。

創造性に富む生徒たちのほうが、指導するのが難しかったのである（今日のペダゴジーの条件下では）。ほとんどの生徒たちにとって不可欠であるのに欠いているものは、新しいペダゴジーである。生徒たちが、自分の情熱、目的、（ワーグナーの言う）遊びを見つけ追求する、チームとなって共同して学習し、理解し、実生活上の課題に対応していくのを助け、忍耐と建設的フィードバックによって自己の才能を伸ばしていく、そういうことを可能にする新しいペダゴジーを欠いているのである。

創造性の育成は計画できる

いちばん大事なのは、創造性は計画できるものであり、どの生徒にも育成できるものであるという点を、レーラーの研究が再確認させてくれることである。これは、充実感をもって学校生活を送れる個人をもっと増やすためだけでなく、地球社会の存続のためにも個人や集団の才能を動員できるようにしておくことは、不可欠なことだからである。学びに対するこうしたこれまでとは異なるアプローチの仕方によって、イノベーション、起業家精神、課題解決、他者への共感、チームワーク、そして持続性を、画期的なレベルにまで引き上げることが可能になるだろう。

ダニエル・ゴールマンとその同僚たちによる新著は、多くのアイデアや実証例をあげており、私たちが論じているさまざまな潮流について希望を抱かせてくれる。しかし、ここで銘記すべきは、こうしたさまざまな新しい方向性は、包括的な計画の中に統合しなければならない、つけ足しとして扱ってはならない、ということである。まずは良い点をあげておこう。この新著『エコリテラシー――教育者たちは、どのようにして情緒的、社会的、環境保護的インテリジェンスを育てているか』は、学校やコミュニティーにおける多くの実践例を文書化したものである。そこには、エキサイティングな新しい学びの姿が反映されており、教師たち・生徒たちが、目的、情熱、そして生態系の持続可能性を追求し、その炎を燃やし続けている。

同書の共著者たちは、石炭、石油、水、食糧に関わる環境改善のプロジェクトの実例に焦点を当てている。そして、五つの柱を打ち出している。すなわち、(1)あらゆる生命体に対する共感を育てる、(2)コミュニティーが慣行としている、持続可能性を受け入れる、(3)見えないものを見えるようにする、(4)意図せぬ結果を想定する、(5)自然がどのように生命体を持続させているかを理解する、である。

環境保護と人間生活を中心にしたカリキュラム

ダニエル・ゴールマンとその同僚たちが提唱していることは、きめの細かいカリキュラムを意味している。私たちは、それが新しいペダゴジーとどのように整合するのかを理解しなければならない。環境と人類の持続可能性は、単なるつぎはぎであってはならない。私たちの右脳は、環境保護の問題と人間の生活は、分離できないものだと教える。さらに言えば、環境保護の問題を、カリキュラムにつけ足すものと捉えるならば、私たちは何の成果も見ることはないであろう。学びを最大化するための私たちの規準の一つは、「実生活の問題の解決にどっぷり漬かっていること」（第四章を参照）だとすれば、カリキュラム全体を再定義する必要が出てくる。すなわち、学校教育の存在理由（レーゾンデートル）全体が、「生命について、生命のために、学ぶ」と呼ばれている単一の大きな統一体ということになり、しかもこの学びを情熱と目的性をもって行わなければならない。私たちが話題にしているのは、全面的なつくり直しである——これは、テクノロジー、ペダゴジー、そして変革の知識を統合して力となせば、実施可能なものとなる。

新しいペダゴジーに関わる諸課題については、本書全体を通じて論じているが、本章では、本質は易しいということに焦点を当てている。この新しいシステムを創出することは、どれほど容易であろうか。まずは、現行の深刻な機能不全に陥っているシステムを持ちこたえさせることよりは、はるかに容易であろう、と言っておこう。新しいシステムへと移行することは、単純ではないが、気の遠くなるほど困難というわけではない。誰しも指摘する困難な側面をあげれば、クレイトン・クリステンセンとマイケル・レイナーの言う「破壊的イノベーション」の特徴をすべてもっている。クリステンセンとレイナーは、今ある慣行が変わることなく存続しているのは、システムが現存する製品（二人は、この現象を「持続させるためのイノベーション」と呼ぶ）を改善しようと努力し続けるからだ、と言っている。

破壊的なテクノロジーは、既存の慣行から見れば、初めのうちは劣っている。十分に開花し切る時間がまだもてないゆえに、劣って見える。また、製品は実際に大勢の人に使ってもらってこそ、うまく改善されていくものなのだ。この理由で、破壊的イノベーションが広く受け入れられるようになるには、困難な過程がある。しかし、この困難も、新しい改善サイクルが加速するまでの、ほんの暫定的なものである。「成層圏」は私たちに告げる。私たちは、やがては急速に改善の度を強めることになる学びのサイクルの、初期段階にいるのだ、と。

子どもたちは退屈している

現在、学校教育はどれほどひどいものなのか。この話題に関しては、大量の実証的資料があるが、私はそうしたものを集めようとは思わない。しかし、リー・ジェンキンズが私に送ってくれた一つのグラフは、劇的なものであり、これを見れば直ちに事の核心が理解できる。ジェンキンズは、二〇〇〇名以上の教師たちに、何学年の生徒たちを教えているか、学校が好きだという生徒たちの割合はどれくらいか、を聞いている。結果は予測のつくものであるが、それでも実際の結果はショッキングなものであった（図3・1）。幼稚園では、九五％の子どもたちが学校が好きであるが、この好きだという気持ちは、その後着実に低下を続け、第九学年［注：日本の中学三年にあたる］には、三七％になる。中等教育学校の後半三年間では、わずかに上向きに変わる（ただし、調査対象は、ドロップアウトしていった生徒たちを除く、選ばれた生徒たちである）。このグラフは、教師たちの概算による数値であり、信じがたいほど多くの子どもたちが退屈を覚えていることを表している。もし直接生徒たちに聞いてみれば、実際の数値は、このグラフの数値と同じくらいであるか、あるいはもっとひどい結果が出るであろう。

クワグリア研究所は、「私の声」という報告書の中で、生徒と教師の関係性は、生徒が小学校からミドルスクール、さらにはハイスクールへと進むにつれ、弱くなっている、とい

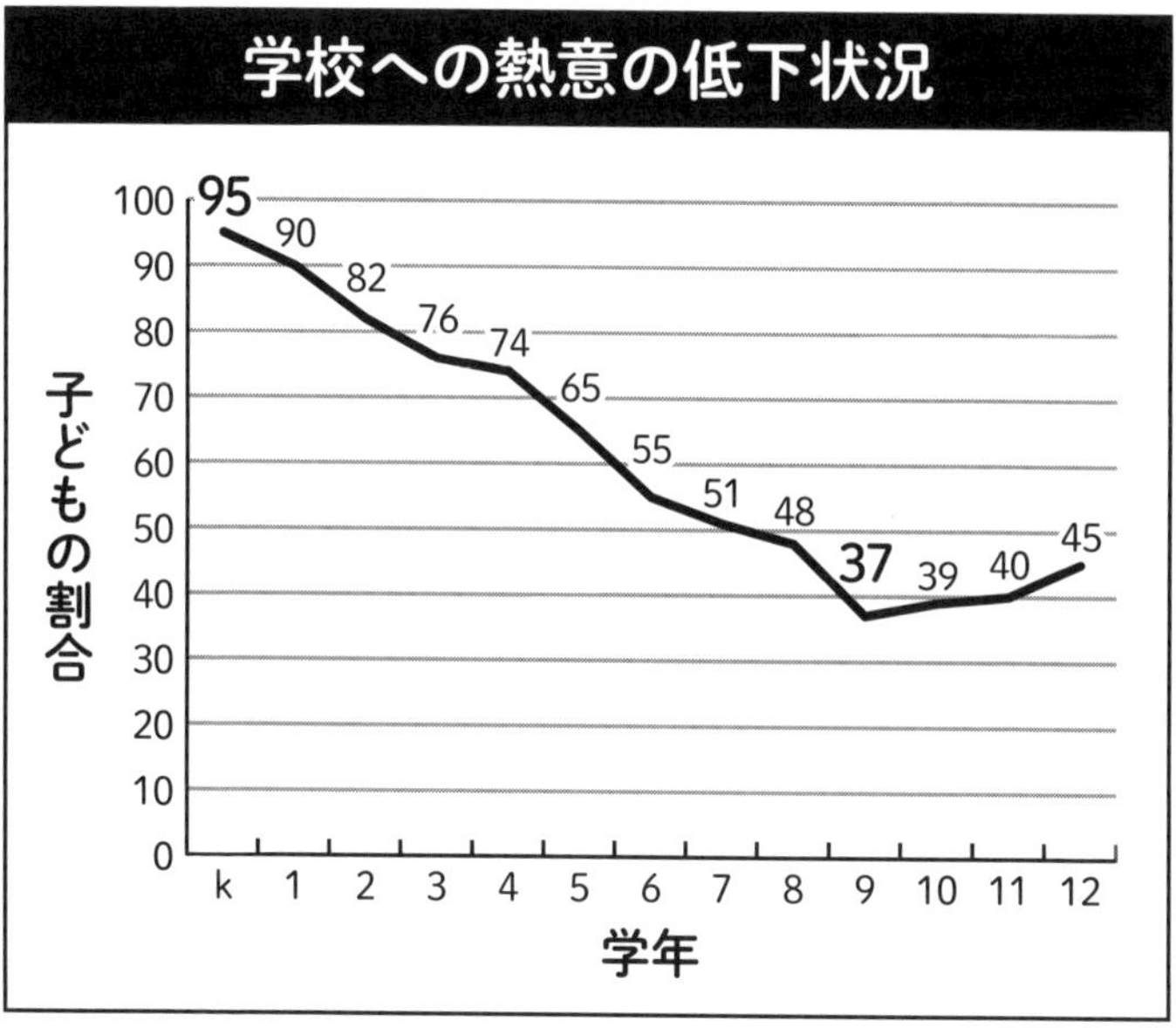

学校への熱意の低下状況
子どもの割合
100
90
80
70
60
50
40
30
20
10
0
95
90
82
76
74
65
55
51
48
37
39
40
45
k
1
2
3
4
5
6
7
8
9
10
11
12
学年

図 3.1

う指摘をしている。イノベーションの傾向をもっている生徒たち――ワーグナー、プレンスキー、その他の人たちが取り上げている生徒たちである――にとって、通常のクラスの退屈さは、とてつもなく大きいものがある。プレンスキーは言う。最良の教師をもってしても、子どもたちは「授業中の五〇～七〇％は退屈している、と一貫して言う」と。悲しいのは、ほとんどの生徒たちは、自分にとって必要であるのに欠けているものが何であるかを知らないことである。

教師たちの境遇もよくない

これに付随してというよりは、これ以上に大事なことは、教師たちの境遇もたいしてよくなっていないことである。「二〇一一年　アメリカの教師たちの生活満足度調査」を見てみると、教師の満足度および関与度（仕事にやり甲斐を感じている度合）は、大きく落ち込んでいる。二年間という驚くほど短い期間に、教師たちの満足度は、一五ポイントも下がっている（五九％から四四％に低下）。およそ三・五人に一人の割合（二九％）で、近い将来教職を辞めたいと言っている。二年前の調査では、六人に一人（一七％）であった。

ここにあげた数字は、絶対値だけでも十分にひどい数字であるが、この数値の表している傾向を考察すると、まぎれもなく憂慮すべきことが見えてくるのである。

成層圏における解決法では、こうした陰鬱な現実に対応していくために、生徒たち・教師たちの両方ともが、深く関与していけるような状況をつくりだすことに努力していく。ある意味で、教師たちは生徒たちよりも重要である。なぜなら、教師たちは、毎日二五名～一五〇名の生徒たちに、良きにせよ悪しきにせよ、影響を及ぼすからである。教師が一人に一人の割合でフラストレーションを覚え、三人に一人の割合で転職を考えているような状況で、生徒が学校で楽しく過ごせるはずはないのである。

4 まとめ

創造的ブレークスルーを見ることは必然である

今述べたように、大多数の生徒たち・教師たちが疎外感と退屈を味わうという重苦しく、不健全な雰囲気の中で、楽観的に振舞うことは可能であろうか。私は可能だと考える。現実は、耐え難く、しかもストレスが募るばかりであるという自明の理由は、しばらく横に置いておこう。私が突き止め明確にしている成層圏の三つの力を、うまく配置すれば、より良き未来を築くための実際的な土台とすることができる。これら三つの力は、非常に強力なものであり、相互につながり合っているために、私たちが近い将来、創造的なブレークスルーを見ることになるのは、ほぼ必然のことと言ってよい。

こうした未来が現実のものとなるには、間違いなくさまざまな紆余曲折があるであろう。しかし、ちょうど、私たちが直接的な治療法を全部試し終わってから、創造的な解決策がひょっこりと現れてくるのと同様のやり方で、現実のものとなるかもしれない。勇気づけられることがある。クリステンセンとレイナーの言う、破壊的イノベーションとそれとは対照的な改善のサイクルは、すでに動いているのである（この進展状況は第四章の主題である）。

私は楽観的である。そして、主として次の四つの理由で、これは「本質は易しい」ということの事例でもある。四つの理由は、相互につながり合っている。

1　教えて試験をする、あるいは体験させて喚起するという古くからあるテクノロジーは、機能しない。これがいつまでも機能するなどということはあり得ないということが、ますます大勢の人たちの目に、より明確になってきた。

2　生徒たちとパートナーを組むという新しいペダゴジーの事例の開発が、急速に進展している。こうした事例は、その質においても、利用のしやすさという点においても、目覚ましいまでの進展を見せている。テクノロジーがこの傾向を大いに加速している。これこそ、まさに、成層圏現象が予測していることである。

3　この新しい方法への渇望感は、相当大きなものがあるだろう。情熱、目的、そして新しいペダゴジーは、人間的なものを引き出し、それを活発化するがゆえに——すなわち、自身にとって、仲間たちにとって、そして世の中全体にとって、本来的に有意味なこと、価値あることを行うがゆえに——、自然の理に適った無敵のモティベーターである。世俗的スピリチュアリズム［注：心霊主義（術）］の世界に接近する方法としても、これに勝るものはないであろう。

4　この新しい方法は、私たちが考える以上に易しい。人は自分の好きなことをやっているからであり、また大勢の人たちがお互いに助け合うであろうから、という単純な理由による。たくさんの手と頭が一緒になれば、仕事は軽やかになる。

ポジティブなインパクト

小さなつながりが大きな成果をあげ得る、ということについては、本章の前半ですでに見てきたことである。プレンスキーは、実行しやすく、かつ大きなインパクトを生むためのステップについて論じる中で、これと同じテーマを取り上げている。彼は次のように言う。「もし、明日、アメリカ中のすべての教師が、授業時間の二〇分を割いて、ひとりひとりの生徒たちに、君が抱いている情熱は何なのかと聞き、後ほどその聞いた情報を活用して、ひとりひとりの生徒たちをより深く理解し、それに応じて指導を個々の生徒に合うようにしていけば、教育は、一夜にして、ポジティブで大きな前進の一歩を踏み出すだろう」と。プレンスキーは、教師の側では最小限の努力で済み、しかし子どもたちには、潜在的に大きなポジティブなインパクトを及ぼし得る措置を、ほかに一〇あげている。

1 「説明」を減らし、代わりに案内役となる質問に、生徒が自分自身で調べ答えを見い出せる時間をとる。
2 教わったことと、現実の世の中で起こっていることを、絶えず結びつける。
3 生徒たちが、変わることのない教育の「不易」（スキル）と、急速に変わっていく「流行」（ツール）を区別できるよう指導していく。
4 生徒たちを学びのパートナーとして扱う。
5 生徒たち自身のツール（特に、ビデオや携帯電話）を学びに取り入れる。
6 生徒どうしが教え合う場面をもっと設定する。
7 全員が共通して読んだり行ったりすることを義務づけるよりは、生徒たちにもっと多くの選択の幅を与える。
8 教室にあるテクノロジー機器の主たる利用者（かつ、メンテナンスの責任者）は、生徒たちであることを周知する。

9　YouTubeやTeacher Tubeのようなサイトに投稿されたショート動画を一緒に見て、良い点を褒め合う。
10　定期的に、SkypeやePalsのような無料の安全なツールを使って、生徒たちを世界とつなぐ。

要するに、破壊的イノベーションの力は強力であり、これからも飛躍的に大きくなっていくことが予想されるが、私たちは、今、その初期段階に立っている、ということである。この千載一遇の好機を生かすために、私たちは抜け目なく振舞う必要がある。この局面に及んで、実験─試行─学習─練磨、というアプローチを取らないといけない。新しい旅は平坦なものではないだろうが、今私たちが経験している状況ほど困難なものではないだろう。少しでも進展があれば、それで勢いがつき、事は比較的容易に運んでいくだろう。

目的意識と情熱を見つける

再度、確認しておきたい。ワーグナー、ロビンソン、レーラー、その他の人たちが目指している教育革命とは、どの生徒も自身の特別な目的や情熱――ロビンソンのいう「基本要素」――を見いだせるようなシステムを創造することである。スターといわれる企業家やアスリートたちは、皆、自身のなかに目的意識や情熱をその核としてもっていることは、誰しも知っていることである。違いを言えば、成層圏では、すべての生徒たちが自身の基本要素を見つけることを可能にする、ということである。

テクノロジーは、学びという深淵な事業において、大きなパートナーとなるだろう——特に、今まさにそうなりつつあるが。しかし、これに劣らずに、新しいペダゴジーも、私たちの強力なパートナーとなる必要がある。私たちが求めているのは、自分自身の「学び方を学ぶ」ことに主体的に取り組める学び手である。したがって、新しいペダゴジーをつくるには、学びのプロセスを設計し監督する教師たち、およびほかのメンターたちが必要である。このあとの各章では、これらのことについて述べていく。テクノロジーは、一つのプレーヤーとしてますます大きく見えてくるだろう。この状況を正しく捉えることができるならば、教育において私たちが求めていることと、テクノロジーが求めていることは、究極的には同じものとなるだろう。

第四章

デジタル世界の失望と夢

学びの最大化を図るための四つの基準

テクノロジーとペダゴジーを統合し、学びの最大化を図るためには、次の四つの基準を満たさなければならない（表4・1）。すなわち、抗しがたいほどに魅力的であること、エレガントで効率的であること（骨が折れるが使いやすい）、技術的にどこでも使えること、そして実生活の問題解決に徹していること、である。

表 4.1　テクノロジーとペダゴジーを統合するための基準

1	抗しがたいほどに魅力的であること
2	エレガントで効率的であること
3	技術的にどこでも使えること
4	実生活の問題解決に徹していること

抗しがたいほどに魅力的であるとは、忘我の状態、あるいは時間が意味をなさなくなるような「乗っている」状態を意味する。私たちが追求している成層圏的イノベーションには、この特徴がなければならない。第二に、こうした新しい機器は、エレガントで使いやすいものでなければならない――シンプルであるがためについ夢中になり、自然の理に適っているために使いやすい――確かに、最初のうちは骨が折れるが、それに引き込まれこそすれ、圧倒されることはない。こうした展開のなかでいちばん大事なことは、こうした機器はイノベーションであり、生徒たち・教師たちの生活をこれ以上複雑化するものでは

ない。むしろ、反対に、彼らの学びをより容易で、かつ興味深いものにする、ということである。最初からこのような純利益に預かれるような変革は、めったに経験できるものではない。

第三は、テクノロジーを一日二四時間、年間を通じて使える状態に保っておかなければ、最初の二つの基準を満たせないことである。最後は、こうした経験は実生活の問題解決というプロジェクトに徹していなければならない。言い換えれば、グローバルな規模で、個人としても集団としても、成果をあげられるような状況をつくりだす学びである。問題解決というプロジェクトがカリキュラムに浸透していけば、私たちは、実は、起業家精神を教えていることになる。この点は、踏まえるべき大事なことである。イノベーション的な分析と洞察は、STEM領域（科学、テクノロジー、エンジニアリング、および数学）の問題に応用されたり、あるいは社会的イノベーションに応用されたりすると、起業家の特性を育てるものである。これは、二一世紀に相応しいもう一つの鍵となる学びの目標である。

これらの基準はエキサイティングなものであるが、まだ実際に適用されてはいない。世界的に見ても、いかなるプログラムもシステムもこれらの基準を満たしていない。私は、現在の状況を「デジタル世界の失望」と「デジタル世界の夢」と題して、考察していく。

成層圏的解決方法

一例として、アメリカにおける現在の改革運動を考察してみよう。教育ある生徒育成の三本柱——すなわち、到達基準、評価測定、そして学習指導あるいはペダゴジー（図4・2）——の観点から見ていく。目下優先されているのは、到達基準と評価測定であり、他方、成層圏的解決法はペダゴジーが牽引していかなければならなくなっている。私が本書で述べているブレークスルー（突破口）は、学びというものをより深い意味でコンセプト化することで、開けるように手当てされている。幸いなことは、そうしたブレークスルーを切り開くことは、テクノロジーのイノベーションによって信じがたいほどに加速化が可能であるということだ。ただし、事の順序を正しく捉えることが前提である。すなわち、ペダゴジーからテクノロジーへ行き、次にテクノロジーからペダゴジーへ戻る。この行きつ戻りつを繰り返すことである。もし先頭に立つための何らかの競争があるとすれば、それは人間が機械とともに一緒にいるための競争である。もうお分かりいただけたであろう。人が何か速い機械に乗っているとき、機械が人をコントロールしているということがときどき起こる。しかし、究極的には、機械は人の役に立つためにそこにあるものだ。人が機械なくしては決してできないことをやってくれるために、そこにあるのである。

図 4.2

1　デジタル世界の失望

テクノロジーのコンセプト化が不十分である

厳密にいえば、私は単にデジタルの世界だけに関わる失望を取り上げようとしているのではない。これから見ていくが、私たちの失望の対象は、テクノロジーそのものの問題であるに劣らず、それをコンセプト化する仕方が不十分であるという問題でもある。しかし、究極的にはデジタル世界にうまくコンセプト化できていないという問題である。なぜなら、進歩というものは、よき発想がテクノロジーにしっかりとリンクされていて、初めて可能であるからだ。そうした発想を機械の力なくして実現する方法は、あり得ないのである。

問題を生じさせている最大の原因は、少なくとも一九九〇年以降叫ばれてきたらしい、二一世に必要だとされたスキルである。結論を先に述べておこう。ここで言われているスキルは、あまりにも漠然としたものであり、何の役にも立たない。それに、ペダゴジー（それを習得するのに必要な経験を学ぶこと）が、ほとんど常に抜け落ちている。典型的な例は、バーニー・トリリングとチャールズ・ファデルの共著『二一世紀のスキル――将来のために今学んでおくこと』である。二人の共著者たちの言う夢のような二一世の知識とスキルとは、三組のスキルから成り、それぞれの組にさらにいくつもの下位の組のスキルがある。

三組のスキルは、カテゴリーでいえば、学びとイノベーションのためのスキル、情報、メディアおよびテクノロジーのためのスキル、そして人生とキャリア形成のためのスキルである。下位の組には、次のようなものがある。クリティカル・シンキング、コミュニケーション、および創造性（以上、学びとイノベーションのためのスキル）。情報・リテラシー、メディア・リテラシー、および情報・コミュニケーション・テクノロジー（ＩＣＴ）（以上、テクノロジーのためのスキル）。そして、柔軟性、積極性、社会的・異文化間的交流、生産性とアカウンタビリティー、およびリーダーシップと責任（以上、人生とキャリア形成のためのスキル）、の三つである。以上のそれぞれに、さらに細分化されたスキルがいくつも設けられている。

トリリングとファデルは、インフラとしてサポートシステムを提案している。そのなかには、基準、評価測定、カリキュラムと学習指導、専門性の育成、学びの環境が含まれている。この段階では、その内容はよいものであるが、それを実施に移そうとすると、どうしても失望的な結果にならざるを得ないのである。奇妙なのは、その解決のための鍵となるべきテクノロジーについて、あまり言及がないことだ。あるのは、個々の学校についての例で、それも半端なものだ（たとえば、オランダの小学校では子どもたちがチームをつくり、学校の玄関に風景画を創作しているとか)。実践はよいとしても、一貫性がないのである。

数え切れないくらいの学校区、地方や州、そして国が、二一世紀のスキルというスローガンを掲げてきた。アルバータ州政府の「行動(アクション)を鼓舞する教育」もその一例である。アルバータ州の描く二一世紀の学びのスキルには、七組のスキルが含まれている。すなわち、クリティカル・シンキングと課題解決。創造性とイノベーション。社会的責任とグローバル意識。コミュニケーション。デジタル・リテラシー。生涯学習、自律性および自己管理。そして、共同とリーダーシップ、である。実際の展開を見てみると、鼓舞するということがたいして行動の土台とはなっていない。私たちが変革に取り組む過程で経験したのは、考えたことを実際の行動でやってみて初めて鼓舞というものを経験するのであって、その逆ではないということだ。その後のアルバータ州は、よき事例を提供してくれる。同州は、今日まで、アルバータ州学校改善推進事業で大きな成果をあげている。この事業では、二一世紀に必要とされる学びのスキルを強調することよりも、各学校から寄せられるさまざまなイノベーションのアイデアを、大事に育てている。

ナンシー・ワトソンと私は、カリフォルニア・スツプスキー財団から委嘱され、二一世紀の学びのスキルについてその進展状況を評価測定したことがある。私たちは、評価測定の対象として、シスコ社・インテル社・マイクロソフト社が共同で取り組み、大々的に宣伝された国際プロジェクト、「二一世紀に必要とされるスキルの査定と指導」（ATC21S）をも含めたのであった。このプロジェクトには、次の三つのカテゴリーに分けられて、よく知られた育成すべき能力のリストが含まれている。すなわち、考え方（創造性、クリティカル・シンキング、課題解決、意思決定）。取り組み方（コミュニケーションと共同）。そして、取り組みに必要なツール（情報リテラシーとICT、つまり情報・コミュニケーション・テクノロジー）、である。また、世のなかで生きていくためのスキルも含まれている（市民としての義務と権利、人生とキャリア形成、個人的・社会的責任）。

私たちは、ほかに五つの事例の検証も簡潔に行った。すなわち、アメリカにおける「次世代における学びのパートナーシップ」。アメリカ・アリゾナ州ツーソン市におけるウォーターズ財団によるシステム・シンキングの取り組み。そして、世界でもっとも高い成果をあげているトップ・スリーの国や地域、すなわち、オンタリオ州（カナダ）、フィンランド、およびシンガポール、である。私たちは委嘱を受けて作成した報告書に「高次のスキルを目指す減速道路」という題をつけたが、過度に批判的であったとは思っていない。

テクノロジーが教育に果たす役割

私たちは、どんな切り込み方をするにせよ、この課題にうまく取り組めているとは言い難い。概して言えば、そもそもの目標が、そのきらびやかな外観に比して、曖昧過ぎるのである。私たちは、極力具体的であることを心がけ、焦点を基準と評価測定に置いている（これは、明晰さの点で大いに役立つ）。しかし、決定的に重要な三番目の柱――ペダゴジー、あるいは実際の学びを育てていくこと――が、軽視されている。その上、評価測定作業にペダゴジーを用いること――これは有益である――は横に置くとしても、学びにおいてテクノロジーが果たしている役割がほとんどないのである。学びこそが、この仰々しく派手な光景の目玉であることは間違いないにもかかわらず、である。

　テクノロジーと学校教育を考えるとき、私たちはさらに多くのデジタル世界の失望を経験することだろう。世の中全体にテクノロジーが驚くほど豊かに行き渡り、その威力を発揮しているにもかかわらず、学校ではやっとその姿を見られるようになった、というところである。ネリー・メイ教育財団は、委嘱により「テクノロジーと生徒中心の学びを統合する」という報告書を作成している。

　以下は、この報告書により明らかになったことである。

・テクノロジーを授業の中にしっかりと統合できている教師は、わずか八％である。
・生徒たちが、ハイスクールから大学へ進む、あるいは社会人になって働くことを展望したとき、その約四三％がテクノロジーを活用できる準備ができていないと感じている（私はあえて言いたい。テクノロジーを活用できる準備ができていると感じている生徒でも、その多くはデジタルの世界について学んだのは、学校の外においてである、と）。

・テクノロジーを授業の中に統合できると感じている教師は、わずか二三％である。

・学校でテクノロジーを活用することを組織的にサポートする体制は、情けないほどできていない（デジタル機器の整備、共通のビジョン、学校の風土、技術的サポート、学校・学校区・州レベルのリーダーシップ、評価測定システムなど）。

テクノロジーをペダゴジーに基づいて活用する

以上のほかにも心配なのは、たとえテクノロジーが関心の的になっていたとしても、よきペダゴジーが抜け落ちていることである。カナダの「メディア意識高揚ネットワーク」は、ネットワークの世界におけるカナダの若者たちの進化状況を追跡している。一つの研究では、この「ネットワーク」は、生徒たちのために優れた学びの環境をつくりあげることに成功し、有名になった教師を一〇名サンプルとして選んでいる（カナダの北部、西部、オンタリオ地方、ケベック地方、大西洋沿岸地方の五つの地域から小学校とハイスクールの教師一名ずつを選んでいる）。言い換えれば、これらの教師たちがサンプルとして選ばれたのは、最先端の学びの環境づくりを意図してのことである。調査対象となった教師たち全員が、生徒たちは、皆、「スマートフォン、iPod、iPad、コンピュータ、その他あらゆる種類のネットワーク機器を使って、勉強したり遊んだりすることが大好きだ」という旨の指摘をしたのだ。調査研究員たちは活用状況をさらに詳細に調べ、生徒たちは「ネットの使い方がそんなに上手というわけではなかった」と結論づけている。「若い人たちはオンライン・ツールを難なく使いこなすが、それらのツールを学びのために効果的に使いこなすにはスキルというものが必要だ。そうしたスキルはもっていない。（中略）生徒の側には、オンラインで目にするものは所与の現実として当然視する傾向が根強くある。」

言い換えれば、デジタル機器を揃え、教師たち・生徒たちがそれらを使えるように便宜を図ることは、容易な部分ではあるが、それはペダゴジーではない、ということである。報告書「ネットワークの世界におけるカナダの若者たち」は、学びの効果を高めるためにテクノロジーをどう活用すればよいのかを考える段になると、教師たちはほとんど自力だけでやっている、と結論づけている。これは見かけ以上にショッキングなことである。進歩に見えることが、本当は進歩などではない、ということなのだから。二〇〇〇年には、「ネットワーク」の調査では、四四％の生徒たちがインターネットは自分の好きな情報源だと回答している。二〇〇五年になると、この数値は八〇％を優に超え、現在（二〇一一年）では、九〇％台後半になっているはずである。もちろん、単にテクノロジーが整備されていること、またその活用が広く行き渡っていることが、ここでの要点ではない。「メディア意識高揚ネットワーク」が、テクノロジーを導入し、効果的に使いこなす秘訣をついに発見したとき、それは「まさに、教師たちがペダゴジーに焦点を合わせていたからであり、テクノロジーの専門家でなくとも安心して授業ができたからであり、授業をマネジメントする強力なスキルを身につけていたからであり、また、オンラインのもつ潜在的な危険性は教えることが可能なものであると捉えていたからである。」

PISA（OECDの生徒の学習到達度調査）の国際ランキングで上位を占めている国々――たとえば、フィンランド――ですら、テクノロジーをペダゴジーに基づいて活用するという点では、あまりうまくいっているとは言い難い。フィンランド・ユバスキュラ大学の研究者たちのチームは、フィンランドの学校における「二一世紀に必要とされるスキル」（ATC21S）の指導の実施状況を研究している。この研究で、現時点までに分かったことは、二一世紀に必要とされるスキルは、ナショナル・カリキュラム（教育課程の目標を定めた国の基準）の核として含まれているものの、「通常、授業で表立って出てくることはない」し、また「テクノロジーの整備は行き届いているが、ICTをペダゴジーに基づいてイノベーション的に、あるいは効果的に活用できている例は、非常に稀である。」言い換えれば、世界の教育をリードしているともてはやされている国々においてすら、本書で論じてきた新しいシナリオは散発的にしか活用できてはいないのである。

ペダゴジーがない現状

私たちは、確かに、可能性を拡げることはできるが、それは決してらくなことではないと思い知らされる。たとえば、カーン・アカデミーは優れてはいるが（事実、驚異的なほど優れている）、それでも優勢な教師を必要としている。サル・カーンは、ヘッジファンド・マネージャーとして働いていたときに、ニューオーリンズの従弟に数学の基本的なコンセプトを教え始めた。そのときに、ニューヨークで作られたビデオを使用した。これが非常にうまくいったので、彼はYouTubeを使い始め、カーン・アカデミーを設立し、そして約三〇〇〇点のビデオを利用できるようにした。これらのレッスン用のビデオの視聴回数は、一億三〇〇〇万回を優に超え、今なおすごい勢いで増えている。これらのビデオで学んだことのある人は、誰であれ、明晰に教えるとはどういうことかを示す、素晴らしいお手本であることを知っている。私たちの成層圏の目的からいえば、カーンは二一世紀のテクノロジー（最先端のテクノロジーというわけではない）を使った二〇世紀の信じがたいほどに卓越したペダゴジー開発者ということになる。プレンスキーも言っているように、どの生徒たちにも、優秀な説明者、すなわち、理解できるまで何度でも戻って視聴できる説明者が必要である。プレンスキーも指摘しているように、ビデオは単に説明（非常に明晰であり使いやすい）に過ぎない。カーンは数学を教えるための新しい方法を発明したのではなく、旧来の教え方を配信するためのシステムを改善したのである。

　私たちが、破壊的イノベーションについて考察したことを、思い出していただきたい。初期の事例は劣ってはいるが、改善に向けての新しいサイクルの始まりを意味している。プレンスキーの言葉を借りれば、「ドロップアウトしたり、成績が振るわなかったりする生徒たちの大勢が学べるよりよい方法がある。それは、単に説明を聞き、例題をやることだけでなく、本物の仕事を、実際の文脈の中で、楽しんで、適切な状況の中でやることによって、学ぶことである」——これが、別名、新しいペダゴジーと呼ばれているものである。テストの成績は、旧来のやり方に関して言えば、伸ばすことができる。しかし、知識を応用することは、進展していない。

　生徒の到達度の向上にテクノロジーがたいしてインパクトを与えていないことは、マイケル・ヤングとその同僚たちが行った「教育のためのまじめなゲーム」に関する研究の報告書の中で実証されている。これらの研究者たちは、ビデオゲームが、言語学習、歴史、体育に好影響を与えている例が多少あったと報告している（これらの教科においては、ゲームによって学習状況を分かりやすくするシミュレーションをつくることができたからである）。しかし、理科と数学に関しては、好影響を与えていると判断できるものはほとんど見い出せなかった。

　ヤングとその同僚たちによれば、最大の問題は、「教育的ビデオゲームは、子どもたちがそれを使って学んでいく基本的手段として、いちばんよく研究されている。これは、学習指導者を取り払い、生徒が孤立して自身の学びを完遂できることを可能にしている」ことである。言い換えれば、こうしたイノベーションは（あるいは、少なくともイノベーションに関する研究は）、教師を除外しているのである。あたかも、ペダゴジーは無関係だと言わんばかりである。当然、ヤングたちの結論は、ビデオゲームは、「よき指導と呼応して」実施すべきである、ということになる。健全な指導計画、熟練者による指導、そして良質な実施・実践がどうしても必要となる。とりわけ、教師たちと生徒たちの間の（そして、教師間、生徒間の）パートナーシップが、不可欠となる。

ジョーン・ガンツ・クーニー・センターの調査では、五〇％の教師が、週に二回、授業でデジタルゲームを使っている、と回答していることが分かった。もちろん、これは本格的な実施ではなく、ましてやペダゴジーとの統合でもない。しかし、成層圏的解決法――「本質は易しい」という非常に魅力的な定理が、その特徴である――に対する意識や期待が高まっていることの表れと見ることができるかもしれない。

こうした展開に、オンライン学習の急速な拡大をつけ加えることができる。オンライン学習は、これまでのところ、その課題は主としてアクセスの問題である。エバーグリーン教育グループは、その年次報告書のなかで、こうした展開に注目している。最新のデータでは、オンライン学習を提供している学校区や州の割合は、年に二五％の割合で増加している。フロリダ州では、そのフロリダ・バーチャル学校に二六〇〇〇〇件のコース聴講登録があった。アクセスは、もう問題ではなくなっており、むしろ本格実施のための変革プランや、ペダゴジーについて考えなければならなくなっている。

テクノロジーと学校教育が噛み合っていない

まとめると、全体として、テクノロジーが学びにインパクトを及ぼしているということは、ほとんど実証されていない（少なくとも、現在までのところは。これが私の強調したい点である）。ある意味、これは自明のことである。私たちは、これを「起こっていないことを査定するリスク」と呼んだものだ。イノベーションが実施されていないのであれば、インパクトが発揮されるわけもない。したがって、私たちはこれまでに分かったことを、視野を大きくしてとらえ直す必要がある。すなわち、新しいペダゴジーが実施されている例は、まだまだ少ない。しかし、それが実施されるとどんな風に見えるものであるか、その一端は、最終章において、ワーグナーとプレンスキーから得ている。

ところで、さまざまな学習指導の実践が生徒の学びにどのようなインパクトを及ぼすのか。ジョン・ハッティは、この評価測定を大規模に行っており、説得性のある最良の成果を得ている。彼は、世界中の八〇〇以上の研究をメタ評価している。ハッティは、エフェクトサイズが〇・四〇以上のものを、価値あるものと見なしている〔注：エフェクトサイズというのは、二つの変数の関係の度合いを示す統計上の尺度である——エフェクトサイズが〇・四〇以下だと、弱い相関もしくは相関なしとされている。M・フラン著『The Principal』より〕。その中で、大きな成果をあげているものをいくつか取り上げてみよう。一つは、相互に教え合うことであり、これはエフェクトサイズが〇・七四であった（相互に教え合うとは、教師と生徒が相互にやり取りをし、学びに関する生徒の思考や生徒の抱く疑問を、もっと目に見えるように顕在化することである）。二番目は、フィードバックで、エフェクトサイズが〇・七三であった。三番目は、生徒に言葉による自己表現の仕方を教えることであり、エフェクトサイズが〇・六四。そして、メタ認知戦略であり、これはエフェクトサイズが〇・六九であった。下位のほうを見てみると、エフェクトサイズが〇・四に届かなかったものとして、シミュレーションやゲームが〇・三三。インターネットを使った学びが〇・一八であった。大事なことは、言うまでもなく、テクノロジーがあまり成果をあげていないということではなく、テクノロジーの活用の仕方が、ペダゴジーの観点から見て、大雑把かつ不十分である、ということである。

　ブルース・ディクソンとスーザン・アインボーンも同趣旨のことを述べている。生徒たちの学ぶ権利が、世界中のどこでも否定されている。その理由は、学びに関するさまざまな経験にアクセスすることができないからであり、また整備にさほど費用がかかるわけでもないテクノロジーを利用できないからである、と。ディクソンとアインボーンは、新しいペダゴジーの一部をなす「捉えがたい二一世紀のスキル――自分で方向づけをすることと人と共同すること」について論じている。それをどのように達成するかについては、具体的に述べていない。彼らのいう「二一世紀のスキル」こそ、成層圏の目的である。

要するに、テクノロジーと学校教育は、相反する目的を追求しながら動いており、こうした状況がかなりの期間続いているのである。デジタルの世界への浸透を図ることと学校教育とが、相互の連絡がなく別個に機能し続ける限り、また現実の生活に関連のある課題解決というものを真剣に取り入れない限り、いかなる進展も期待できないであろう。掲げる目標が上質であれば、上質のテクノロジーが必要となる。幸い、私たちの見る夢は一段と生き生きとしたものになってきている。

2　デジタル世界の夢

ＢＹＯＤ施策の及ぼしたインパクト

オンタリオ州知事ダルトン・マクギンティ（私は彼の下で仕事をした）が、二〇一〇年九月に、携帯電話やタブレットは教育にうまく応用できるかもしれないと提案したとき、マスコミから猛攻撃を受けた。今思うと、彼は時代に先んじていたことが分かる。『トロント・ライフ』という雑誌の二〇一二年一月号に、「ガジェット（ちょっとした機械装置）が学校に向かう」という記事がある。

ガジェットとどう付き合い、学びにどう生かすかを理解することは、今なお難問の一つである。今現在は、新しい、もっと劇的な改善サイクルの初期段階にあたる。モバイル機器が、容赦なく拡大・拡散を続ける中（ドアを閉めても、窓から入ってくる）、新しい世代の教師たちがいて、彼らは教室でテクノロジーを使うことを積極的に受け入れている。二〇一一年の五月、五〇〇以上の学校を擁する巨大なトロント学校区教育委員会は、二〇〇七年に施行された携帯電話禁止条例を撤廃することを採決したのであった。この新しい方針を実施する責任を負っている、教育長ピーター・チャンは、ゆっくりとした足取りで進んでいる――彼は言う、自分のクラスの生徒たちにとって何が最善であるかを決めるのは、個々の教師である、と。先述の雑誌の記事は、「BYOD（個人所有の携帯用機器を学校に持ち込むことを許容する施策）をすでに試している教師たちは、生徒たちの反応を有頂天になって話す――生徒たちが学びについて、どんなに積極的に関与し、熱狂的になっているることか」と伝えている。

先に、私は、テクノロジーには二つの問題があると述べた。一つは、生徒たちのデジタル世界は、ほとんどが学校の外にあるということだ。もう一つは、それが訓練されていない、ということである——これは、マルチタスク（一度に複数の仕事をこなすこと）全般について言える。先ほどの雑誌の記事は、トロント学校区教育委員会の管轄下にあるハイスクールの一人の教師ケイト・カトルが、生徒たちにスマートフォンの使用を許可し、そしていかに「わくわくするような感動的な」結果が得られたかを語るのを、詳細にレポートしている。カトルは述べている、「私は、生徒たちが現実の世界におけるテクノロジーに対応できるように、その準備をしてあげなければならない、と本当に大きな責任を感じました」と。スマートフォンを持っている生徒と持っていない生徒の不均衡（彼女の生徒たちの場合、持っている生徒は四分の三だけであった）は、対応しないといけない課題である。しかし、モバイル機器は安くなってきており、入手が容易になりつつあるので、五年以内には、こうした不均衡は取り除かれるだろう。これよりはるかに大きな問題は、モバイル機器が、全体的として、実に不十分にしか活用されていないことである。

急速に拡大を続けるテクノロジー

約二〇〇校を擁する隣りの学校区教育委員会、すなわちヨーク地方学校区教育委員会でも、教育関連テクノロジーの活用が広がる素地がある。先述した記事の中で紹介されていたことであるが、ロイアン・リーという教師は、生徒たちに、「皆さんの持っている携帯機器は何でも構わないから持ってきなさい」と言っている。もしそういうものを持っていない生徒がいれば、リーは学校所有の機器の保管庫から一つを取り出して、生徒に貸してあげている。リーは、授業を進めながら、うまく活用できる場合と、そうでない場合の判別をしている、と言う。

要するに、私が強調したいのは、今まさに大きな水門が開かれようとしている、ということである。ペダゴジーの開発を上回る速度で、急激に拡大を続けるテクノロジーをいかに組織的に活用していくかを明確にしていくことが、喫緊の課題なのだ。ロイアン・リーの例で見たように、初期段階のうちに、進化を目指した一定量の実験が必要となるだろう。「成層圏」のねらいは、この適者生存の選別過程を加速することにある。

流れに抵抗することは無益である。『エコノミスト』誌の二〇一一年一〇月一〇日号には、ビデオゲームに関する一〇ページに及ぶ特集記事がある。同誌は、ビデオゲーム市場は二〇一〇年には五億六〇〇〇万ドルの価値があったというプライス・ウォーターハウス・クーパーズ社（ＰｗＣ）の調査結果を紹介している。これは、音楽産業の規模の二倍であり、ＤＶＤを含む映画産業の規模の四分の三に相当する。ＰｗＣ社は、ビデオゲーム市場は、しばらくは、最も急速に成長を続けるメディア形態であり続け、二〇一五年には少なくとも八億二〇〇〇万ドルになるだろうと予測している。私が送りたいメッセージは、「ペダゴジーの開発者たちよ、蚊帳の外に置かれるな！」ということである。（ゲームの多くは、ビジネス、軍事、健康セクターのものであり、教育セクターは含まれていない。）私は、教育がいちばん早く白旗を掲げる――今現在がその状態である――次に、デジタルによる学びをむさぼるように取り入れる、と予測している。本質は易しい、ということを誰しも理解するようになるだろう。破壊的イノベーションが、最終的には、勝利するだろう。

『エコノミスト』誌も述べているように、最大の変革の一つは携帯電話の普及であった。今は、それは、ゲーム機器としてのタブレットの普及である。二〇一一年には、携帯電話の契約件数は、世界全体で五〇億以上に昇った。数あるゲームの中でももっとも優れたものは、教育にとってこの上ない大きな潜在力をもつ。優れたゲームには、新しいペダゴジーを実地に移すときに、まさに模範とすべき設計上の要素そのものが、いろいろと組み込まれているからである。学びをゲームに変えることによって、私たちは直感的に携帯機器との接点というものをつくりだせるのだ（洗練されたデザイン、エレガントなほどに使いやすい）。ゲームの設計者たちが「ジューシーであること」と呼んでいるものを、私たちもつくりだせる（多くのフィードバック）。

『エコノミスト』誌によれば、「ゲームファイアー」たち、すなわちゲームを開発することを楽しんでいる人たちは、ゲームファンたちを、難しいことをやってのけたい、そのためには金を惜しまないという気持ちにさせる、という。ゲームの開発者たちは、「ゲームファンたちの参加意欲を掴む方法として、速いテンポで絶え間ないフィードバックを提供し、やり方がうまくなっているという明確な達成感を提供し、難し過ぎてあきらめさせるのではなく、興味をもち続けたくなるほどにチャレンジングなゴールを提供している。」すべての面で改善が行き渡ると、デジタル世界のイノベーションは、「現代テクノロジーのパワーを、人間の飽くなき遊びの願望と結びつける。」幼稚園の優れた先生なら誰でも知っているように、学びが置いてきぼりを食うわけにいかないのである。なぜ、学校だけ、学びに没頭したくなるほど楽しい場所になれないのか。私たちはまだそこまで行っていないが（私たちは、まだ、それを夢見る段階にしかいないことは忘れないでおきたい）、それを実現できる間際にまで来つつある。私たちはツールをつくり、ツールは私たちをつくる。次に、私たちはツールを再度つくり直す、などの過程にいる。

高次元スキルへの関心の高まり

私たちに希望を抱かせてくれる兆候がいくつかある。まず、高次元スキル（HOS）を評価測定する方法の開発で、進展が見られることだ。シスコ社・インテル社・マイクロソフト社の共同プロジェクトは、高次元スキルを明確化し評価測定する方法の研究をしており、近々具体的な成果を発表することが期待されている（残念ながら、ペダゴジーの構成要素の開発は不十分なままであるが）。また、二〇一一年に、ナンシー・ワトソンと私は、ヒューレット財団の委嘱を受けて、「ディープラーニング」の目標について再調査し、報告書にまとめあげた。同財団の考えている高次元スキルは、能力を三つのカテゴリーに分けている。第一は、内容に関する知識である（核となる学問的内容に精通すること、そして知識の獲得、応用、拡大である）。第二は、認知的戦略である（クリティカル・シンキング、課題解決能力、成果につながるコミュニケーション能力）。そして、第三は、学ぶ態度である（人と共同できること、そして学び方を学ぶこと）。

目下、アメリカで起こっている典型的な現象は、コモン・コア州基準（CCSS）〔訳者注：「コモン・コア」とは、各州で共通して「学習の核とすべき共通の基礎的事項」のこと〕に焦点を合わせて、事が回転していることである。四六の州がこれに呼応して、コモン・コア基準に焦点を合わせ、この基準に沿って英語関連教科と数学を評価測定することに取り組んでいる。この基準と評価測定には、高次元スキルが含まれている。この取り組みの多くは、連邦政府や著名な財団から財政的支援を受け、コモン・コア州基準の発展を目指している。ヒューレット財団は、もっぱらディープラーニングの目標の評価測定に集中すると言明し、施策と実践を一体のものと見る、という立場をとっている。同財団には、助成金を受けている人が約三〇名おり、特定の能力の評価測定をするための「確証点」を把握する研究に取り組んでいる。ペダゴジーの構成要素の研究はまだまだ不足しているとは言え、研究の結果は、ディープラーニングによって育成された特定の能力を、実地に生かす上で役立つはずである。

　同様に、ビル&メリンダ・ゲイツ財団も、教師の成果を査定するという注目度の高い事業に加え、いくつものデジタル・イノベーションに投資し、生徒たちの新しい形態の学びを支援している。同財団の報告書『生徒たちを支援する――イノベーションと質に投資する』には、同財団がいかにして従来の伝統とは異なるプロジェクト――たとえば「ゲームに基づくアプリとその査定」――に投資しているか、その概略が書いてある。同財団は、ほかにも、「大学進学と生徒の持続力の問題をよく理解する」ための研究を支援している。また、私たちが「モーションリーダーシップ/マッドキャップ（MLM）」という解決方法を提唱したときに、最初に資金援助をしてくれたのも、同財団であった。

　ビル&メリンダ・ゲイツ財団は、テクノロジーとイノベーション志向の学習指導実践とを梃子として用い、「生徒たちが伝統的な教室という枠を超えて学ぶ」ことを目指している。また、次のような問いにどのように答えられるかも調査している。すなわち、「生徒たちは、自分の生活に直接関係のある複雑な問題に、どのように積極的に関与していけるか。生徒たちが、学校におけるさまざまな学習内容やスキルを深くかつ持続的に習得できるようにするために、授業設計はどうあるべきか。デジタルの世界に挑もうとする生徒たちの意欲を、どのように方向づければ、生徒たちに自信、好奇心、粘り強さ、そして知識欲を育てることができるか」などの問いかけである。同財団から研究助成を受けている人たちの多くは、イノベーションの基礎をデジタル・ツールに置いている。デジタル・ツールには、参加型、関与型、共同創作型かつ共同型がある。ゲイツは、投資対象を体系化し、次の四つのカテゴリーに分けている。すなわち、習熟度別パスウェー（経路）、ゲームを応用した評価測定、デジタル・コースの向上、そして大学レベルの知識と学問的探究心である。繰り返しになるが、私たちは、こうした取り組みからそれなりに貴重な具体的成果を期待できるが、それは小規模なものであり、私たちが必要としている発展のレベルにまで届かない恐れがある。

「イノベーション志向の教え方・学び方」研究プロジェクト

学習指導の実践を高次元スキルと結びつけていく一つの研究プロジェクトがある。「イノベーション志向の教え方・学び方」（以下、ＩＴＬと略記）いう名の研究プロジェクトで、マイクロソフト社の「学びのパートナーたち」（ＰＩＬ）という推進事業がそのスポンサーとなっている。私は、ＩＴＬプロジェクトチームが得た研究成果を解釈していく作業に関わっている。ＩＴＬプロジェクトチームは、単純ながら総合的なフレームワークを使って、次のような四つの要因を変数（バリアブル）として調査している。すなわち、一つは、教育システムの変革（政策的コンテクスト）。二つは、学校のリーダーシップと組織風土。三つは、イノベーション志向の学習指導実践。四つは、生徒たちの身につけたスキルが今日の生活や仕事に及ぼすインパクトである。研究チームは、七か国におけるＰＩＬモデル校をサンプルにして授業実践の調査を行った。すなわち、オーストラリア、イギリス、フィンランド、インドネシア、メキシコ、ロシア、そしてセネガルである。ここでは、本書の趣旨を考え、主要な発見の概観だけを紹介したいと思う。以下は、そうした発見の要旨である。

1　イノベーション志向の学習指導実践は、次の三つの要素から成り立っていることが明確にされた。すなわち、生徒中心のペダゴジー（知識の構築、自己制御と自己査定、共同、コミュニケーションスキルを含む）、学びを教室の外にも拡げること（課題解決と実世界のイノベーションを含む）、そして情報通信技術（ＩＣＴ）の活用（学びの目標を具体化・特定化し、その達成に役立てる）である。

2　イノベーション志向の学習指導実践は、ほかのどこよりも学校においていちばんよく見られた。学校では、教師たちが共同して、特定の学習指導実践に焦点を合わせて取り組んでいた。それは、二一世紀の学びのスキルとリンクさせたものであり、そのことを明示した上で実践していた。

3　イノベーション志向の学習指導は、教師が専門性向上の研修活動に参加している場合によく見られた。この研修活動には、例えば、調査を行ったり、あるいは新しい方法を直接実践したりするという、教師たちの積極的かつ直接的な関与を求める内容が含まれていた。

4　学校のリーダーがITLについてビジョンを抱き、それを支えることに焦点を合わせていることが、実施のための不可欠の条件であることが分かった。教師の力量の査定にイノベーション志向の学習指導を取り入れることも、ポジティブな要因となっていた。

5　システムとして何に焦点を合わせサポートしていくかということ（生態系モデルの中では最大の要素である）が、欠如していることが明らかになっただけでなく、狭隘なテスト体制が広範な二一世紀型スキルと対立状態に陥ったときには、現下の諸施策はさまざまな目的が矛盾したまま進行していることが分かった。

6　上述した要因は、五番目にあげた項目を除いて、次のような具体的な学習の成果と結びついていた。すなわち、知識の構築、ICTの活用、課題解決とイノベーション、そしてコミュニケーションスキルである（「共同」も一つの成果であり得たが、評価測定できるほど十分な証拠がなかった)。鍵となるのは、生徒たちがイノベーション志向の学習指導を経験すれば、その分、生活や仕事に必要となるスキルを身につけ、実際に発揮できる確率はより高くなる、ということである。

以上は、ある意味、非常に注目すべき発見である。というのも、上記の発見は、いくつかの貧しい発展途上国を含むさまざまな状況から得られたものであるからだ。テクノロジーが大きな存在感をもつ状況で、私たちは、特定の学習指導実践と高次元スキルの明確な因果関係を、初めて見ているからである。もっと注目に値するかもしれないことは、以上のことが、システム全体のことをたいして考える努力もしないで達成されていることである。

イノベーション志向のシステムづくりの必要性

次の記述を考えてみていただきたい。「私たちは訪問した先で、イノベーション志向の学習指導が授業で行われる例を見たが、イノベーション志向の学習指導の取り組みをサポートするための一貫性と統合性をもった一連の条件整備は、私たちがサンプルとした大半の学校で、またそのシステムのすべてにおいて、欠落していた」と。サンプル校は、イノベ

ーション志向の学校たるべく、あるいはイノベーション志向の教師たるべく努力している
と公言しているにもかかわらず、明らかになったことは、成果があがっているとされる実
践に関わっていたのは、ほんの一握りのイノベーション志向の教師たちに過ぎなかったと
いうことである。言い換えれば、イノベーション志向の教師たちは当座しのぎのためにい
たのであり、イノベーション志向の学校は多くはなく、イノベーション志向のシステムづ
くりに至っては皆無であったのだ。

　ITLの調査結果を読んでみると、次のことが見て取れる。すなわち、個々の教師であ
れ、教師たちの小グループであれ、学習指導実践を改善することは可能であり、このこと
が、ひいては、高次元の学びという成果につながるということ。さらには、こうした努力
は、学習指導実践を改善するという目的のために正々堂々とデジタル・テクノロジーを活
用することで、大いに弾みがつく、ということである。新しいペダゴジーを実践してみる
と、具体的にはこういう形になると、その肉づけされた姿を示せるためには、ITLプロ
ジェクトには、さらなる努力が求められる。こうして力強いスタートを切ることができれ
ば、ITLの将来は、追求し甲斐のあるものとなるだろう。計画すべきことは、フレーム
ワークと関連するさまざまなツールをつくることである。教師たちがイノベーション志向
の指導力を身につけ、その実践を、生徒たちが実生活の課題解決に関与し、高次元の思考
力および生きていくためのスキルを身につけていく学びの過程と結びつけていく、そのた

めのさまざまなツールの開発である。

ＩＴＬプロジェクトは、まだよちよち歩きの一歩を踏み出したに過ぎないが、方向性はしっかりと指し示している。もし私たちが、テクノロジーとペダゴジーと変革の知識を大きな規模で統合できれば、どんなことが達成できるか、想像してみていただきたい。これこそが、「成層圏」の目指すところである。

「生徒の成業を検証する教師チーム」推進事業

オンタリオ州が、リテラシー、算数、ハイスクール卒業率において、大きな成果をあげてきたことは、すでに言及した。いくつかの高次元スキルは向上を見せる一方で、最上位層（同州の「教育の質とアカウンタビリティーに関する事務局」（ＥＱＡＯ）の査定で第四レベルとされている）に到達した生徒の割合は、同時期、約一三％あたりで頭打ちになっている。二〇一〇年に、私たちは「生徒の成業を検証する教師チーム」（ＳＷＳＴ）（以下「検証チーム」と略記）というイノベーション推進事業を立ち上げ、この問題に対応することを決めた。

「検証チーム」推進事業は、オンタリオ州の「リテラシーおよび算数教育改善事務局」が立ち上げた一つのプログラムである。その構成は、この調査研究に暫定的に加わった経験豊富な教師、「検証チーム」の教師、そして実際の授業の場を提供する教師たちから成り、共同研究という形を取っている。二〇〇九年から二〇一〇年に及ぶ年度においては、オンタリオ州の一九の学校区教育委員会から五〇名の「検証チーム」の教師たちが、幼稚園から小学校六年生までの約二五〇に及ぶ授業を参観した。二〇一〇年から二〇一一年に及ぶ年度には、この推進事業は大きな広がりを見せ、同州の五四の学校区教育委員会から七五名の「検証チーム」の教師たちが、幼稚園から小学校六年生までの約七六五の授業を参観した。

「検証チーム」推進事業が焦点を合わせた対象は、教室における生徒たちの学びと活動であり、教師の学習指導の様子ではなかった。この研究の中の会話や行動は、すべて、生徒たちが何をしているかを土台にしている。「検証チーム」推進事業の目的は、次のことについてさらに詳細に知ることである。

・第二レベルから第三・第四レベルへと移行する際の、生徒たちの学習内容の特徴
・生徒の成業や参加意欲の向上につながったフィードバックの種類
・生徒の学びを支える授業の条件・状況の種類

「検証チーム」推進事業の教師たちは、ペダゴジーの相互に関連し合う次の四つの大きな

領域で、生徒たちと一緒に取り組む。すなわち、豊かで適宜性のある課題、生徒の会話力、責任感の段階的育成、そして形成的評価である。

授業の場を提供する会場校の教師と「検証チーム」の教師の関係性は、この推進事業が成功する上で、きわめて重要であった。両者の関係性は、参加する人によって実にさまざまであったが、実際は、この関係性は段々と共同性を強めていき、よき学び合いの関係性に発展していった。こうした関係性が育っていったことの表れとして言えることは、情報の共有、両者間の対話的学び、発見したことを論じ合うこと、活動計画の共同作成、実践と観察事項の共同分析、教室外におけるインフォーマルな場での付き合い、などである。

「検証チーム」の教師全員が、生徒たちは、この推進事業にときどき参加した結果、恩恵を受けることができた、と捉えている一方、「検証チーム」の八八％の教師は、生徒たちは、この推進事業に何度も頻繁に参加した結果、恩恵を受けることができたのだ、と捉えている。同様に、「検証チーム」の八二％教師は、この推進事業に研究者兼実践者として参加したことが、自分の教育者としての仕事の仕方に、かなりの程度影響を及ぼしていると考えており、一九％は、ある程度まで影響を及ぼしていると考えている。「検証チーム」のすべての教師は、この推進事業に関わって公開授業を実施した教師にとっては、この推進事業は有益な研修体験になったと捉えており、「検証チーム」の四〇％の教師たちは、この推進事業は、「検証チーム」と直接的な関わりがなくとも、授業の場を提供してくれた会場校に在職するほかの教師にとっても、有益な研修体験になったはずだと捉えている。

「検証チーム」推進事業は、生徒自身の思考力を土台として事を進めるための下準備づくりに、ある程度着手している。この下準備は、生徒の積極的関与をねらいとし、また教師の役割を学びの指揮調整者へと変えていく、新しいタイプのペダゴジーとはどんなものか、そのモデルを示すものである。「検証チーム」の二〇一一年の研究報告書を見ると、「検証チーム」の取っているスタンスは、教師が自分の仕事をどう捉えるべきかについて、インパクトを及ぼしていることが分かる。すなわち、生徒を理解するにあたっては一定の展望に立って、その特性を把握する（指導の個性化 personalization をさらに進める）、生徒が学びを進める上で、その強みやニーズに相応しい戦略を考える（さらなる精密さの追求）、生徒の成業状況の分析による教師自身の学び（適宜性のある専門的学び）、である。この推進事業に参加している教師たちは、次のような総括を考えている。すなわち、生徒たちがほかの生徒たちと一緒になって、お互いに学び合うことにもっと積極的になるよう仕向けるには、自分たち教師がこれまでのやり方を変える必要がある、と。

検証チームの活躍は、学校区にも及ぶ。学校区は、もっと多くの調査活動に基づく専門的学びを重視しており、それをサポートするための時間とリソース（資源）の計画的な配分を検討しているが、「検証チーム」はここでもインパクトを及ぼしている。さらに、「検証チーム」に授業の場を提供した学校の、その後の改善の軌跡を見てみると、オンタリオ州の「教育の質とアカウンタビリティーに関する事務局」（ＥＱＡＯ）による査定では、「検証チーム」とは接触のない学校よりも、はるかによいものになっている。

テクノロジーを取り込むとどうなるか

本書の観点から言えば、「検証チーム」はこれまで述べてきたことすべてを、テクノロジーに何の役割ももたせていないという意味で、片手を後ろに縛ったままでやっている。テクノロジーをうまく取り込めれば、この取り組みはさらに容易になり、経費も少なくなり、高次元スキルの学びに及ぼすインパクトの点でも、はるかに大きな成果が期待できるであろう。

これまでの展開、そして予想されるこれからの展開も、すべて、一つの方向性を指し示している。それは、生徒とともにより深い学びができる、しかも非常に大きな規模でできるということであり、さらには、学びをもっと興味深く魅力あるものにできることである。そして、このプロジェクト全体の経費を一人当たりに換算して信じがたいほどに安くできることである。

スタンフォード大学は、最近、オンライン上に三つのコンピュータ科学コースを設け、多数の短い動画をアップロードしている。それらの動画には、それぞれのコンセプトの説明や自動的に採点してくれる練習問題がついており、すべてネット上で利用できる。開始後一か月で、三〇万人の生徒・学生がこれらのコースに登録をし、動画の視聴回数は数百万回、課題の提出者数は数千人に上っている。レクチャー（講義）というものが、中等教育後の教育においては、ドードー鳥［注：環境に適応できず絶滅した大形の飛べない鳥］と同じ運命を辿っているのである。しかし、これにより、大学は以前よりはるかに大きな成果をあげ、高騰する経費を大幅に削減できている（削減できた経費を、もっとレベルアップした事柄に使うことができるだろう）。幼稚園からハイスクールまでの義務教育において、教師が話をする機会は激減するだろう。これは教師にとってよいことだ。聞く人がほとんどいない中で、話をしてみたいという人は、まずいないだろう。こうした展開の中で、教師と生徒はその役割が正反対になりつつある。

3　教師と生徒の役割の転換

新しい生徒の関与の仕方

フィル・シュレヒティは、主体的に動くのは生徒だという発想のもと、学校の運営をしなければならないと、以前から主張している。生徒が、自身の学び、生徒相互間の学びに、以前よりも大きな責任をもち、教師はチェンジ・エージェント（変革の作動因、変革の推進者）になる。小学校で一日に数時間、あるいはハイスクールで一科目時間、児童・生徒を拘束する代わりに、教師は児童・生徒たちに、間接的ながら、一日二四時間、年間を通じて影響を及ぼすことができる。生徒たちは、明確な目的をもって製作されたビデオやゲームを媒体として、刺激を受けながら学びの世界に入っていく。このような学びを、教室において実行するだけでなく、ほかの生徒たちや教師たちがもう近くにいない場合でも、実行する。

ドードー鳥はもっとたくさんいる。シュレヒティによれば、Eラーニング（電子学習）とそれに関連するすべてのものが意味していることは、「学習指導者としての教師の役割はもう時代遅れである」ということである。新しい形態の生徒の関与の仕方が、鍵となる。本章の最初にあげた四つの基準を満たす作業こそが、その設計内容である――すなわち、抗しがたいほどに魅力的であること、エレガントで使いやすいこと、技術的にどこでも使えること、高次元スキル（実生活の問題解決に役立つ）に徹していること。デジタル時代の夢が少し叶えられただけで、以上のことすべてが可能になり始めており、本章では、その確かで具体的な手応えを見てきた。学習指導に要する時間の浪費をすっかりなくすことは、より有効に使える時間を生むことであり、これは棚ぼた式の幸運と言える。まして、こうした学びが二四時間に拡大し、老若男女を問わず大勢の人たちが共同して社会の中で学んでいく、この過程で生み出される新しい時間は、さらに大きな幸運である。教師は、小グループを成してリーダーとなり、設計者となり、学びを支援する積極的なガイドとなる。校長は、リーダーたちのリーダーとなる（学習指導者のリーダーではない）。学校区や州のインフラストラクチャーは、見直されることになる。「イノベーション志向の教え方・学び方」（ＩＴＬ）研究プロジェクトで見てきたようなイノベーション志向の教え方・学び方――しかし、これの実例は存在しなかった。研究者たちがそれ相応の事例を見つけられなかったのは無理からぬことである――を推進し、学校にそのアカウンタビリティーの責を負ってもらうためである。

アクティベーターとしての教師

ジョン・ハッティも、メタ研究の大群を率いて、私たちの援軍として駆けつけてくれている。彼も、成果をあげる教師とは積極的なチェンジ・エージェントであるという見方をしている。彼は、「アクティベーター（賦活者）としての教師」と「ファシリテータ（進行役）としての教師」とを比較するために、それぞれの指導実践のエフェクトサイズを比較している。「アクティベータとしての教師」とは、生徒にフィードバックを与えながら、生徒が自分自身の考え方を知るのを手伝い、チャレンジングな目標設定ができるよう手伝ってあげる教師である。「ファシリテータとしての教師」とは、課題解決学習、シミュレーションやゲーム化、個別指導を行う教師である。結果を見てみると、平均的エフェクトサイズは、アクティベータとしての教師のほうが圧倒的に高かった（〇・六〇対〇・一七）。単にファシリテータとしての教師は、デジタル資材をもってしても、十分な成果をあげていない。学びというものは、生徒の息遣いが伝わってくるほどに、人を没頭させ、生産的にさせるものでなくてはならない。チェンジ・エージェントとしての教師は、そうした蓋然性を見通し、組み立ててあげるツボを心得ているのである。ハッティは、高い専門性を備えた教師と平均的な教師の大事な違いを、五点指摘している。前者は、自分の教える教科について、高度の知識と理解をもっている。学びを、表層部かつ深層部について因果関係を理解したうえで、手引きしてあげることができる。学びを首尾よくモニター（監視）し、生徒の進展を助けるようなフィードバックを与えることができる。学びに関わる態度的要因（たとえば、自己有用感、熟練による動機づけの強化など）にも注意を向けることができる。生徒の学びに教え方が及ぼすポジティブなインパクトを、証拠立てて正当化できる。以上の五点である。

ハッティは、教師が習熟しておくべきもっとも大事なことは、教師たる自分が一人一人の生徒にどんなインパクトを及ぼしているかを知ることである、と強調する。彼が実証的分析を行って分かったことがある。高い成果をあげている実践は、すべて、生徒間の仲間どうしの影響、フィードバック、学ぶ意図の透明化、成功の基準、表層的知識および深層的知識の両方に対応できるよう指導を適宜調整できること、などを重視しているということである。したがって、インターネット活用の可能性も、しかるべき訓練を受けていない場合、どんなに素晴らしいものであったとしても、十分なものとは言えないだろう。手助けを受けずに何かを発見したとしても、教師がチェンジ・エージェントとして、生徒が学び方を学び、自身の学びをどう測定すればよいのかを手助けしてあげる場合と比較すると、それが利益になる可能性はあまり大きくないであろう。

「転換」は「転嫁」ではない

率直に言うと、生徒と教師の役割の転換について今行われている議論は、あえて言えば、「転嫁」しているだけであり、あまりに浅薄と言わざるを得ない。計画もなく、ただ事を始めて、上下逆さまにしさえすればよい、というわけにいかない。明晰さと精密さが必要である。ペダゴジーとテクノロジーをきちんと整備する必要がある。ハッティは大いに参考になる。プレンスキーも同様である。プレンスキーは、生徒たちと教師たちを「学びのパートナー」であるという言い方をしている。次に踏むべきステップは、実地にもっと多くの事例を積み重ねていき、そこから学ぶことである。この点、別の分野の事例ではあるが、参考になることがある。第五章で取り上げるが、ソフトウェア開発にあたって気軽に事をスタートさせている例である。ここでは、そのアナロジー（比喩）について紹介しておきたい。

教師をマネージャー、生徒たちをチームと考えてみよう。気軽に事を始めるということに含まれるコンセプトは、ケン・シュウェーバーが提唱している、軽快に学ぶための「スクラムを組んだマネジメント」である。シュウェーバーの著書『軽快なプロジェクト――スクラムを組んだマネジメント』には、トヨタの幹部が前書きを寄せており、その中に次のような洞察に満ちた文言がある。すなわち、「マネージャーの役割とは、組織の形をつくることである。ただし、意図や命令を押しつけることによってではなく、垂範によって、またコーチング（マンツーマンの指導）や理解をとおして、人が目標を達成するのを支援する過程を踏まえることが大事である」と。これは、新しいペダゴジーにおける教師と生徒たちをうまく定義している。

「スクラム」という言葉は、ラグビーから来ており、学びにおいては、方向性が複雑で一筋縄でいかないときに、チームを前へと推し進める上で力となるものを意味している。ここで、もう一度新しいペダゴジーについて考えてみよう。ここでは、チームとのアナロジーがきわめて大事である。教育においては、私たちは、皆、パーソナライゼーション（個性化）――一人一人の学び手のニーズに寄り添い、学び手の情熱や目的意識を掻き立てる指導方法——を目指して共同歩調を取っている。しかし、二五人あるいはそれ以上の生徒がいる場合、一人の教師が毎日、毎日、個人に特化していくことを実践するのは、数学的に見て不可能なことである。しかし、教師が生徒たちをチームの一部と見れば、これは実行可能である。新しいペダゴジーでは、生徒たちがお互いに共同して取り組み、自身の学びにより大きな責任をもち、教師がコーチ（マンツーマンの指導者）として指導するという形で、すでに進んでいる。この「本質は易しい」というモードでは、教師は、個々の生徒について指導をどのように差別化していくかを考えるのではなく、一クラスをチームと捉え、チームを活用してどのようにチームを育てていくかを決めていく必要がある。

教師はリーダーとしてのマネージャー

もう一つのアナロジーを考えてみよう。ラリー・ソフトウェア社の創設者であるライアン・マートンズが、私たちがマサチューセッツ工科大学で開催したある会合で話したことを、考えてみていただきたい。この会のテーマは「能力の育成」であった。マートンズは、次のように述べたのであった。「私たちの業界では、誰もが経験的に学んだことがあります。能力の育成とは、つまるところ、急展開する学びのサイクル、速いフィードバック、絶えざる省察、よきコーチング、そして、マネージャーがすべてと言ってよいでしょう。

マネージャーは、学びを実践するというよりは、学びのための条件整備を創造的にやれる人でなければなりません」と。私たちが本書で探究している新しいペダゴジーの解釈として、これ以上優れたものが考えられるであろうか。おそらく、ないであろう。チェンジ・エージェントおよびコーチとしての教師、個人とチームを育てる者としての教師、学び手の自立を助ける触媒としての教師――学びを組織的に推進していく上で、リーダーとしてのマネージャーとリーダーとしての教師は、まったく同一のものである。この関係性こそ、まさに、ハッティとプレンスキーが、新しいペダゴジーを実践化した場合、それがどういう様相を呈するものであるか、その具体的な事例を提供しようと努力しているときに、把捉を試みてきたものである。それは曖昧な役割転換ではなく、高度に訓練された学びの実践である。

若者たちをイノベーターとして育成する

私たちは、また、役割の転換が完全に行われ、もっと肉づけの進んだ新しい学びの事例を、ワーグナーのあげている例に見ることができる。ワーグナーは、その著書『イノベーターを育てる』の中で、八名のイノベーターたちの育成について述べている。同書の副題「世界を変える若き人々の育成」にも、注意を向けていただきたい。どの事例においても、同書で取り上げられている生徒たちは、自分の目的、情熱、生活の営みについて、自分の思いどおりにでき、あるいは両親や偶然出会ったよき人々から学ぶことも、許容されている。生徒たちは自由とともに指導助言を受ける機会も与えられていたのだ。どの事例においても、生徒たちは、結果的に、創造性を追求することとなり、それを発揮できる機会が多くなったのである。通常の授業を全部合わせても、足元にも及ばないほど多くの創造性発揮の機会を得たのだ。ワーグナーは、論証する。概して若い人たちは、インパクトを与えたいという願望を抱いているけれども、その潜在的な能力は眠ったままであり、しばしば伝統的な学校教育がその発展を妨げている、と。彼は、次のような疑義を投げかける。

もし私たちが、すべての若い人たちに起業家精神やイノベーション的才能を意図的に育成するとして——すなわち、彼らの分析能力はもちろんのこと、自発性、好奇心、想像力、創造性、共同するスキルを育て、同時に、粘り強さ、共感する心、そして強靱な道義的基盤を育てるとして、現状は、果たして、それに相応しい条件が整備されているのか。

カーク・フェルプについては先に言及した（第三章）。ワーグナーが取り上げているSTEM領域（科学、テクノロジー、エンジニアリング、および数学）におけるイノベーターの一人である。フェルプにとって突破口が開けたのは、彼がスタンフォード大学でエド・キャリアーが主宰する「スマート製品のデザイン」講座を選択したときであった。キャリアーは常勤の職員ではなく、その専門とする分野も多様であった。いろいろなものをどう組み合わせるかに興味があり、若者たちの指導者となった。若者たちをイノベーターとして教育していく上で欠かせない要素として、彼は次のことをあげる。すなわち、「生徒たちが現実の課題に取り組み、実際に解決力を身につけられるような実践的プロジェクトの価値の重視。一つの課題を解決するために、多岐に及ぶ学問分野の専門的内容をどのように活用していくかを学ぶことの重要性。チームとして共同して取り組むことを学ぶこと」と。

このような学び方、関わり方は、あらゆる生徒にとって実現可能なことである。このことは、ワーグナーも例証しているように、生徒たちが、カーク・フェルプのようにＳＴＥＭタイプの製品デザインに取り組む場合でも、あるいは、私たちがチューレーン大学におけるローラ・ホワイトという学生の例で見たように、社会的正義に関するイノベーションに取り組む場合でも、実現可能である。どの事例においても、生徒たちは学んでいく力を育てられている。しかし、内発的動機づけを育て、クリティカル・シンキングや実行のためのスキルを育てるために、教え導くのは教師である。これが、役割の転換が実践されている姿である。これは、まさに、ロビンソンの言う、後進たちを認識し、激励し、手助けし、そして伸ばしてあげる指導者そのものである。

「森林破壊を防ぐための行動」プロジェクト

グローバルなレベルでは、マイクロソフト社の「イノベーション志向の学校」プログラムとその関連プログラムがある。ここには、生徒たちが現実の課題に取り組みつつ、さまざまなスキルを応用することを学んでいる例を、さらに多く見ることができる。森林破壊の問題は、世界中の若者たちの関心を集めており、この課題には新しいペダゴジーのあらゆる特徴が見られるのである。二〇一〇年三月に、トロントのマイケル・ファーディクは、自分の「IT（情報技術）をグローバルに使う」ネットワークを使って、「森林破壊を防ぐための行動」プロジェクトの立ち上げに尽力した。このプロジェクトは、マイクロソフト社の「アジア・パシフィック学びのネットワーク」プログラムの一環として始まったもので、若者たちに、いずれ彼らが引き継ぐことになるこの地球を管理できるように、力を付与することを目標としている。同時に、二一世紀にもっとも重要となる学びのスキルを育てることも目標としている。六〇以上の国々から八万人を超える生徒たちが、グローバル市民として育ちつつある。その方法とは、グローバルな問題を解決するために共同すること。森林破壊の原因、影響の大きさ、政治の動きを、ローカルかつグローバルなレベルで見直し、評価すること。共同的なテクノロジーを活用して、分析し、計画をつくり、組織的に取り組むこと。さまざまな活動の相互の連絡を密にし、行動計画を策定し実行に移すこと。仲間たち・指導者たちとの会話を大事にし、それに参加すること、である。

僅か数年でどんなことができるのか、その一例として、ウィリー・スミッツのしたことを見てみよう。スミッツは、オランダの生物学者であり、ボルネオに居を定め、インドネシアの市民になった人である。スミッツは、樹木を伐採され荒廃してしまった広大な土地を復活するために、地域住民を援助したのであった。五年も経たないうちに荒廃した土地を、得難い数々の恩恵を生む活気溢れる、持続可能な生態系へと変えたのであった。耕作可能な土地、地元の雇用、市場産品、地元の人々すべての生活の向上、などの恩恵が得られたのであった。念のため、この方程式の反対側も見ておこう。最初に一つの大きなコミュニティーがあった。森林破壊により荒廃し、土地は使いものにならなかった。森林破壊をもたらした森林火災が起きてからの一年間というもの、体重の増えた子どもは一人もいなかった。この間、子どもたちのIQ（知能指数）は一二ポイント下がっている。僅か一年の出来事である。

以上見てきた事例はエキサイティングなものではあるが、どちらかというと例外的なものとして取り上げている。これらは、私たちが、まったく新しくかつ達成可能な未来へと進む途上で、最初に出会う困難な事例である。その解決策は、全部が全部それほど難しいというものではない。私たちのところには、目下のところまだ整理されていないものの、多くの事例が集まっている。生徒たち、教師たちが一緒になって、実生活の諸課題に関係した実地の学びの中へ深く入っていく、その際、テクノロジーをフルに活用しているという事例である。こうした事例は、二一世紀に必要とされる学びのスキルや関与意識を育てる上で、ますます大きな成果を生みつつある。

パーク・マナー校の取り組み――学びのフレームワークの策定

こうした取り組みが本格実施され、成果をあげている例を、サンディエゴ市のハイテク・ハイスクールのようなモデル校で見ることができる。数々の具体的成果の例が、文書にまとめられている。これは、エキサイティングで紛れもない成果であるが、ハイテク・ハイスクールの問題点は、その設立時の過程が、特殊・特有であることだ。こうした理由と、さらに私の提唱している使い易さの基準を適用すれば、私は、ごく普通のリソースをもった普通の学校が、自校をどのように変容させていったかを検証するほうがよいと思う。そうすることで、こうした取り組みの可能性（実行し易さ）や切迫性をほかの学校にも示せる、と思うのである。こうした理由で、私はオンタリオ州の公立の初等中等教育学校の一つ、パーク・マナー校を見てみたいと思う。

パーク・マナー校は、トロント市の西、エルミナという町にある公立の学校で、第六学年から八学年の生徒たち三〇〇名が学んでいる［注：日本の中学校にあたる］。同校の重点目標である「パーク・マナー校、学びを加速するフレームワーク」を注意して見てみれば、誰しも、この重点目標は本書『成層圏の旅』を土台にしてつくったものだと思うだろう（事実は、そうではない。私はパーク・マナー校の存在を知る前に、本書の第一稿の執筆を終えていた）。すべては最初からあったのだ。同校のコアとなる目標は、「世界を変革するために共同できるグローバルなクリティカル・シンカー」を育成することである。そのフレームワーク（次ページの図4・3を参照）は、「デジタル的に際限なく豊富な学習課題」で囲まれている。その中は、テクノロジー・ツール、模範的ペダゴジー、豊富な学習課題、そして二一世紀に必要とされる学びのスキルが、統合されている。

パーク・マナー校では、次のことが明確になっている。ペダゴジーがドライバー（牽引力）の役割を果たし、その中心に生徒がいて学んでいる。テクノロジーは、フォーミュラ・ワン・グランプリレースのマシーンの役割を果たし、生徒たちをより速くより安全に目的地まで連れて行ってくれる、ということだ。「学びを加速するフレームワーク」を使って、一人一人の教師が、また一人一人の生徒が学びの目標や成果基準を明確に述べることができる。たとえば、なぜ特定のテクノロジー・ツールを使うのか、あるいはどのようにそれを使うのか、ツールを使うことが生徒たちの学びのニーズを満たすのはどのようなときか、などを明確に説明できる。

グローバルな課題に対する意識を高めるために動画をつくることが、学びの目標に含ま

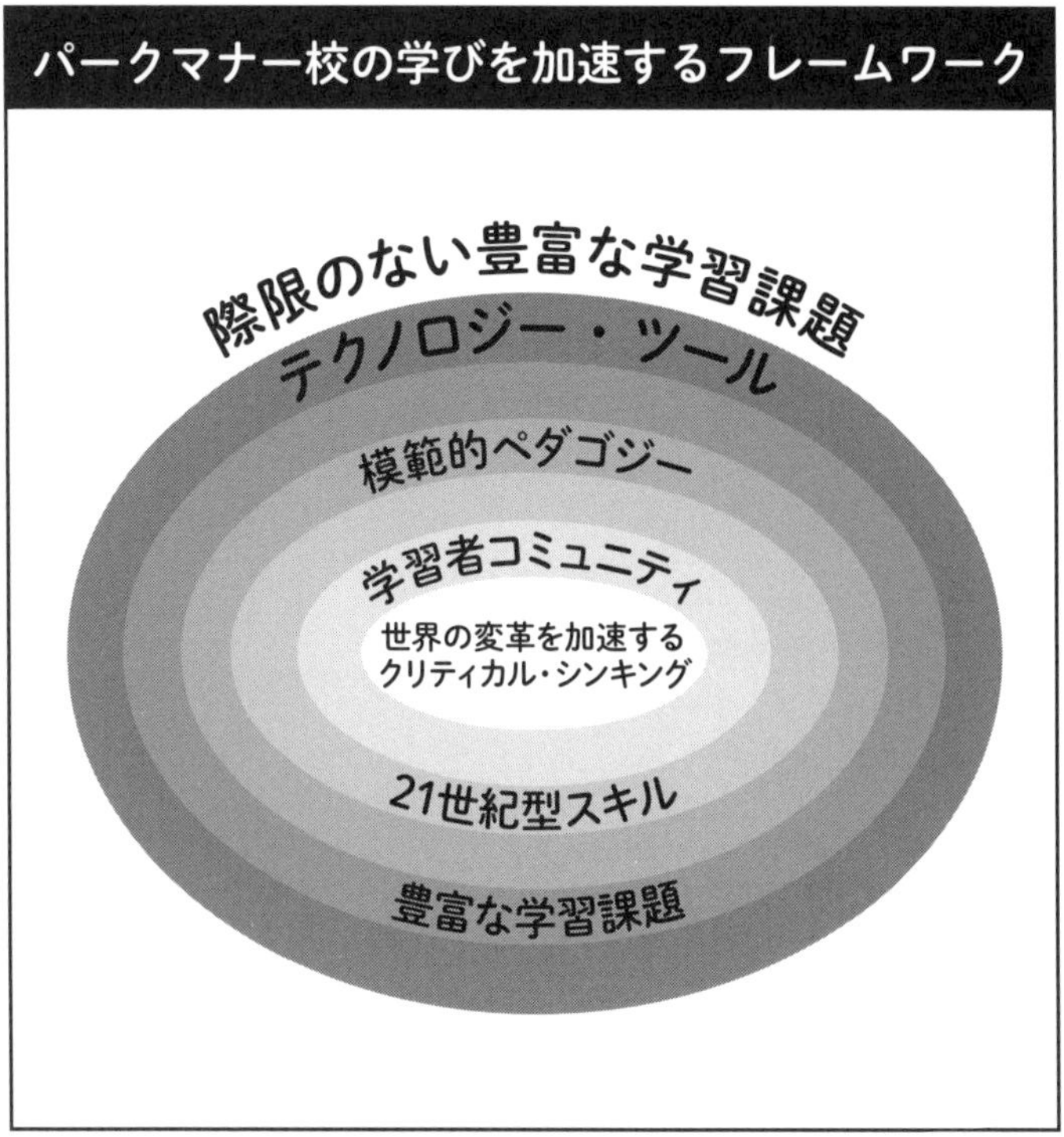
パークマナー校の学びを加速するフレームワーク
際限のない豊富な学習課題
テクノロジー・ツール
模範的ペダゴジー
学習者コミュニティ
世界の変革を加速する
クリティカル・シンキング
21世紀型スキル
豊富な学習課題

図 4.3

れている、あるいは、さまざまなアイデアを整理して伝えるために、推論をし、グラフ作成ソフトを駆使して文章を完成させる、あるいは、カナダに来て間もない生徒の英語学習を助ける。このようなとき、いずれの場合も「学びを加速するフレームワーク」の中で行われる。パーク・マナー校で使われているテクノロジー・ツールには、プレーブックス、コンピュータ、iPad、そしてドキュメントカメラがある。このフレームワークは、どんな先端のデジタル機器とも相性がよく、使い勝手がよいように工夫されている。

同校は、このフレームワークが生徒の学びにどれくらい効果があるかをみるために、成功測定のための基準と証拠を用いている。成功測定のための基準は、ツールとしてのテクノロジー、プログラム、アプリ、あるいはウェブサイトが、生徒の学びに価値を付加しているということを、生徒と教師がどのように判断し得るかを、詳細に説明している。次のような観点がある。すなわち、生徒の関与状況、アクティブ・ラーニング、学びが容易になっていること、学びのための評価測定（生徒がフィードバックを得られているかどうか）、学びとしての査定（生徒自身が自身の学びをチェックできているかどうか）、学びの評価測定（具体的な証拠が得られたかどうか）、二一世紀に必要とされるスキル（創造性、共同、コミュニケーション、クリティカル・シンキング、そして市民としての責任意識）、高利回りの指導戦略へのサポート（個人に対応した学び、および責任の自覚を徐々に育てること）、そして最後は、指導のし易さ（教師にとって）である。

パーク・マナー校の成功測定の基準

次に、こうした成功測定のための基準は、「達成の証拠」(成功とはどのように見えるものであるか、生徒は何をし、何を言い、何を生み出しているか) とリンクされる。次に、学校として、テクノロジーを活用した結果、学びの加速がどの程度進んでいるかを評価測定する。これは、次の三つの測定基準によって行う。当該テクノロジーは、生徒が成功基準を満たすことを可能にしているか (満)。テクノロジーは、生徒が速くそこに到達するための助けになっているか (速)。テクノロジーは、生徒が特定のテクノロジーを活用しなかった場合よりも、活用することによってより高いレベルの学びができる助けになっているか (高)。(この最後の問いには、個々の生徒がある特定の活動をするときに、テクノロジーを使う場合と使わない場合で、どういう反応の仕方をするかを比較して答えることになっている。その際、どのようにして関与の度合い、速度、学びと達成の質を、向上させるかに注意を払う。) これら三つの問いかけは、大方の学校のやり方とは違い、生徒の成功にテクノロジーが相対的にどういう役割を果たしているかを判断することに、直接的に焦点を合わせている。

パーク・マナー校では、レベル三およびレベル四――高次元のスキルに相当する高い基準である――を達成した生徒の割合は、オンタリオ州の評価測定システムで測定すれば、劇的な上昇を記録している。たとえば、二〇〇七年から二〇一一年におけるライティング（書くこと）では、第六学年の生徒たちの得点は、四四％から七八％に伸びている（男子は、三二％から七二％へと上昇している）。この上昇の原因を、テクノロジーを活用したためであると言うことはできない。同校でテクノロジーを本格活用し始めたのは、二〇〇九年であったからだ。しかしながら、教師たちがライティングの向上を図るために、成功測定のための基準を活用し、テクノロジーをこれまで以上に活用することで模範的なペダゴジーを強化し、意図的に焦点を合わせて取り組んできたことの結果である、とは言える。テクノロジーは、学びを加速し深化することに役立つのである。

明らかに、パーク・マナー校の例は、「人間が機会を使う」——その逆ではない——ことを象徴的に示している。このフレームワークを共同して創り上げた校長ジェームズ・ボンドと教師のリーダー、リズ・アンダーソンは、このことを次のように説明する。

二〇〇九年九月以来、わが校のスタッフは変革に取り組んできました。この過程で、教室にテクノロジーが全然なかった状態から、デジタル機器に恵まれた学びの環境へと変わっていきました。スタッフは、このフレームワークを開発し、それを活用して息を吹き込み、そして現在はその評価測定をすることに、共同して取り組んできました。私たちは信じています。もし、お金、時間、その他のリソースを、テクノロジーを購入することと、それを統合的に活用することに投資するとするならば、それは生徒の学びに巨大な価値を付加するものでなければならない、と。さらに言えば、それは、二一世紀に必要とされるスキルや考え方を育成することにつながるものでなければなりません。これは、生徒たちが、この世界をよき方向へと変えていくのに貢献できる、グローバルな視野をもち、クリティカル・シンキングのできる市民となるために是非とも必要なことです。

成層圏のシナリオの実践例

同地域の他の学校が、パーク・マナー校の実践に大きな関心をもち始めている。ボンドとアンダーソンによれば、関心を示している学校は、「学びを加速するフレームワーク」は実際的であり、実践に移しやすいものだと理解し始めている、という。さらに、二人は言う、「このフレームワークは、しっかりと柔軟性があり、ハイスクール、小学校、特別支援校など、多様な環境下で実施が可能です」と。要するに、私たちは、「抗しがたいほどに魅力的」で、「エレガントで使いやすい」と言える、一つのイノベーションを話題にしていたのだ。強力な学びの成果を生むイノベーションについて語っていたのである。

私がパーク・マナー校を取り上げたのは、同校が標準的なリソースを備えた普通の学校だからである。ウォータールー学校区にある一二〇の学校の、いずれとも変わらない学校だからである。特別の地位や特権をもっているわけでもない。その学校が、テクノロジーを全然使っていない状況から、わずか二年半で、テクノロジーとペダゴジーを統合し活気溢れる状況に変わったのである。同校の成功は、成層圏のシナリオが、実際的であり、かつ説得力があることを示している。

しかし、成層圏は簡単には満足しない。学校区の百パーセントの学校がこれに取り組み、かつ州の百パーセントの学校区が、ペダゴジーとテクノロジーを統合し、これを所管すべき責任業務として積極的に引き受け、当事者意識をもって取り組むまでは、成層圏は満足しないだろう。

新しいペダゴジーの潜在力

私たちは、「森林破壊を防ぐための行動」といった魅力的なプログラムを話題にしたり、あるいは一つの小規模な学校が「グローバルな視野をもち、クリティカル・シンキングのできる市民」の育成に力を入れるといったプロジェクトを話題にしたりする。規模の大小にかかわらず、私たちがそういう話題について話しているとき、私たちは新しいペダゴジーのもつ潜在力について理解を深め始めている、と言ってよいかもしれない。二一世紀に必要とされるスキルや資質は、直ちに育成を開始することができる。すなわち、情熱、目的、課題解決、創造性、確かなコミュニケーション能力、テクノロジーに長けること、市民としての責任意識、専門知識・技能、そして持続可能性である。生徒にとっては、学びはより魅力的なものになり、教師にとっては、教えることはより容易でより間接的なものとなる。学び手は利益を得、世の中も利益を得る。成層圏は、相乗作用的なイノベーションである。

要するに、私たちは、巨大な規模で――あらゆる生徒たち、教師たちのために――新しいデジタルによる学びを現実のものとして、創造していく必要があるのである。こうした広がりは――より正確な言い方をすれば、多元的・同時並行的なさまざまな展開が、融合し合い、輻輳し合うこと――もう二、三年で、急激に起こり得ることである。ペダゴジーは、よりメリハリがきいて、鋭い洞察を反映したものとなりつつある。テクノロジーは、より強力で、より使いやすく統合しやすいものになりつつある。

こうした勢いを、具体的な形にし、完全なものに仕上げていくには、もう一つの要素が必要である。すなわち、設計および変革に関する知識を、一段と明確かつ力強いものにしていくことだ。設計および変革に関する知識は、大規模な改革――システム全体の改革――を成し遂げる上で、不可欠である。私たちが変革の知識を必要とする理由は、私が論じている改革は、公立学校システムの内部にあるものだからである。私は、何かをうまく避けて通ろうとしているのではない。むしろ、今あるシステムを改良しようとしているのである。今あるシステムが、もう見分けがつかないほど変わる、と言えばそのとおりである。今ある外部との接点が際限なく広がる、というのもそのとおりである。しかし、そのシステムは、そのときもなお、私たちであるだろう。私たち全員がそこにいるだろう。いろいろと心配の種は尽きないが、退屈さが心配の種になることは決してないだろう。

第五章

設計原理と変革知識

スティーブ・ジョブズは、愚直であることとは別にして、変革を成功させるための素のエッセンスを知っていた。製品が成功するための設計原理と、システム全体の改革を推進する上で私たちの知っているべきこと、この二つのことがいかにして一つに収束しつつあるか、この現象は目を見張るものがある。まずは、前者から見てみよう。

1　製品が成功するための設計原理

スティーブ・ジョブズの哲学——共感、焦点、そして転嫁

ウォルター・アイザックソンは、スティーブ・ジョブズの素晴らしい伝記を書いている。この伝記のはじめの部分で、アイザックソンは本書『成層圏』がこのデジタル世界で実現しようと目指しているものをうまく捉え、一つのテーマとして特定している。それは、洗練された設計である。人が比較的低価格で、ディープラーニング（深い学び）の能力を身につけることができ、抗しがたいほどの使い易さ、吸い込まれるほどの使い易さと結びついた、洗練された設計構造だ。ジョブズは、若い頃から、大衆市場向けの美しいデザインの製品をつくることに並々ならぬ情熱を示していた（彼は後にこれを「正気を逸脱するほどに素晴らしい」と呼んだ）。「真に素晴らしいデザインとシンプルな機能を、さほど高価

でない製品として世に出せれば、これほどうれしいことはない」。

一九七六年、アップル社がまだつくられていないときにジョブズが引き寄せた最初の投資家は、マイク・マークラであった。マークラは、当時、三三歳の企業家で、インテル社で株式にして何百万ドルという財をなしたあと同社を辞めていた。彼は、自分とジョブズの二人でまずは事業プランを起草しようと提案し、そのほとんどをマークラ自身が書く。結果は、素のエッセンスを捉えた、見事な範例となっている。それは、「アップル社マーケティング哲学」と題され、三つの原則に基づくたった一ページのプランである（私の『モーションン・リーダーシップ』でも取り上げており、多くの人にはお馴染みであろう）。

第一は、「共感」である。顧客の感情をよく知り、それに寄り添うことである――「私たちは、他社のどこよりも顧客のニーズをしっかりと理解する」。第二は、「焦点」である――「私たちがやると決めたことをうまくやるためには、重要でない機会はすべて排除しなければならない」。第三の、上記二つの原則に劣らない、大切な原則は、変なネーミングであるが、「転嫁する」である。この言葉が強調しているのは、人がある会社や製品について一つの意見を抱くとき、その会社なり製品なりの与える印象が土台となっている、というものだ――「わが社が最良の製品、最高の品質、最適のソフトウェアなどに誇りをもっているとしても、それらをぞんざいなやり方で市場に出せば、ぞんざいなものという印象をもたれる。創造性に富む、プロフェショナルとしてのやり方で登場させれば、高品質のアピールをそこに転嫁することができる」。

ジョブズは、そのキャリアの後年において、顧客のニーズや要望を理解することに努め、少数のコアとなる製品に焦点を合わせ、マーケティングやパッケージの印象や詳細にこだわる。「iPhone や iPad の箱を開けたときに、開けた人の触覚や触知で、その製品への印象が決まる。そこを大事にしたい」と、ジョブズは後年語っている。ジョブズの若い頃からのデザイン哲学と軌を一にする、もう一つのコンセプトがある。それは、レオナルド・ダ・ビンチのものとされる「シンプルであることは、洗練さの極致である」という格言である。この格言は、アップル社の最初のパンフレットに掲載されていた。

アップルは一九七七年に法人化され、その資産価値は五三〇九ドルと評価された。一九八〇年一二月までには、その評価額は何と一七九〇万ドルにもなっていた。一九八四年に、ビル・ゲイツは次のように述べている。「新しい基準を新たにつくりだすには、何か少しだけ違ったものをつくればよい、というものではない。真に新しく、人の心を掻き立てるものを考えないといけない」と。ジョブズは、その後数年間、そうした基準を満たそうと努力を続ける。彼がアップル社を離脱していたときも（実際、彼は一九八五年から一九九七年にかけて、アップル社を離脱していた）、あるいは戻ってきて采配を振るったときも。一九八四年のマッキントッシュ（コンピュータ）の発売から二〇一〇年の iPad 投入まで、共感、焦点、そしてプレゼンテーションが、ジョブズのトレードマークとなっていく。

シンプルであることについて、もう少し話したい。一九八七年に、ＩＢＭ社が、ジョブズの開発したＮｅＸＴというソフトウェアの使用許可を求め、彼に一二五ページに及ぶ契約書を送ってきた。ジョブズはそれには目もくれず、「これじゃダメだな」とつぶやく。彼は、もっと簡潔でうんと短い契約書を要求し、一週間も経たないうちにそれを手にする。

スティーブ・ジョブズは、次に、ピクサー社、ウォルト・ディズニー社の「トイ・ストーリー」スタジオなどと組んで、アニメ映画事業に取り組み、創造性とテクノロジーを統合するという難事業に集中して取り組んだ。一九九七年に、彼がアップル社に戻ってきたとき、同社には、共感、焦点、転嫁の中心機能は、見る影もなかった。復帰して最初の年、彼は開発中の製品の七〇％を切り捨てた。ある鍵となるミーティングで、彼は四角の図を描き、その中に縦横に十文字の線を描き入れた。図の上の欄外には各列「消費者」「プロ」と書き、左の欄外には各行「デスクトップ」「ポータブル」と書いた。ここで、彼は、われわれの仕事は、各セルにつき一つ、全部で四つの優れた製品を創りだすことだと宣言したのであった。アイザックソンは、「この焦点化の能力がアップル社を救った」と書いている。

ジョブズは、こうした取り組みの過程で、洗練されたシンプルさについて自分の抱くコンセプトを補完し深化してくれそうな、少数の鍵となる人たちと連携する能力を備えていた(例えば、駆け出しの頃は、スティーブ・ウォズニアックと連携した)。こうした人たちの一人が、ジョナサン・イブであり、彼はジョブズが一九九七年に復帰したときに、アップル社の設計チームの主任を務めた。イブは、アップル社が本来の勢いを失くしていたために、同社を辞めようとしていた。ジョブズは、「私たちの目標は金儲けではなく、優秀な製品をつくることだ」と約束し、彼が残ってくれるよう説得する。二人は一緒になって、クルーガーの言う「単純性複雑性」というコンセプトをしっかりと捉える。これは、私たちのモーション・リーダーシップの取り組みの土台をなすもう一つのスローガンである。すなわち、少数の野心的な目標と要因に焦点を合わせ(単純性の部分)、それを具体化せよ――人と製品の相性を最適なものにせよ(複雑性の部分)、ということである。

ジョブズとイブは、単純性複雑性のバランスを一緒になって追求していった。ジョブズは、最初から、「複雑性を無視せず、それ克服するという単純性」にねらいを定めていた、とアイザックソンは述べている。ジョブズ自身の言葉で言えば、「何かを単純化するには、また根底にある難しさを真に理解し、エレガントな解決法を見つけるには、大変な労力が必要になる」のである。ジョナサン・イブは、自身の哲学を次のように述べている。

私たちは、なぜシンプルであることがよいことだと思うのか。物質としての製品を持つとき、私たちは、それを支配しているという実感をもつ必要があるからである。複雑なものに秩序を付与してこそ、その製品を自分に従わせる方法を見いだせるのである。シンプルさということは、単に目に見えるスタイルのことではない。単に、必要最小限のものしかない、余分なものは一切ない、ということではない。それは、複雑性を掘り下げ、その中に深く入っていくことを意味する。真に単純であるためには、あくまで深く掘り下げる必要がある。例えば、何かを一切ネジがないモノにしようと思えば、結局は、複雑怪奇な製品ができてしまうであろう。よりよい方法は、単純性を目指して、複雑性をより深く掘り下げ、製品のすべてを理解し、それをどのように生産できるかを理解することである。本質的ではない部分を除去するためには、製品の本質の部分を深く理解しなければならない。

製品のデザインに厳しかったジョブズ

再びジョブズに登場いただこう。彼は、フォーチュン誌に次のように語っている。「大半の人たちの語彙知識では、デザインとはうわべのこと、と理解しています。しかし、私に言わせれば、これほどデザインという言葉の意味から遠いものはありません。デザインとは、人間の手によって生み出されたものの基本的な魂の姿なのです。幾重もの層が積み重なることで、自ずと魂が表現される、それがデザインです」と。製品をデザインすることにかけては、ジョブズは厳しく、独裁的な気質を見せたが、その過程においては、設計者たち、製品開発者たち、エンジニアたち、生産チームの人たちと、きわめて共同精神に満ち、繰り返し検討を重ねたのであった。多くのミーティングを重ね、しばしば始めに戻り、「この部分は必要か」と絶えず問い続ける。そして出てきたのが、iMac、アップル・ストア、iTunes、iPod（その見事なまでのシンプルなスクロールも含めて）であった。しかし、そういうことを超えて、iPod はアップル社のすべてを端的に象徴するようになった。すなわち、「エンジニアリングと結びついた詩、テクノロジーと交差する芸術と創造性、大胆かつシンプルなデザイン」である。こうした新しい統合は、テクノロジーも芸術性も両方とも愛するということの表明である。

デザイナーは、ものごとのエレガントさに惹かれる。誰もつくったことがないものを創ることに惹かれる。製品やサービスを開発し、それによって私たちが大事に思うことを、かつて味わったことがないようなやり方で、楽しみながらできる――そういうことに惹かれる。彼らには、自分にとっても世の中の人たちにとっても、これは魅力的だと思える製品を発明したいという、内因的動機が働いている。熟練のシェフと同じで、自分が精魂込めてつくったものをほかの人たちが消費してくれれば、これに勝る喜びはないのだ。お金は副次的なものに過ぎない。

次にiPadが登場した。これは、私たちの「テクノロジー、ペダゴジー、変革」という三本柱にとっても、大躍進の契機になりうるものだ。以下に紹介するマイケル・ノアーの話は、この展望は間違っていない、と言ってくれている気がする。ノアーは、コロンビア・ボゴタの酪農場において、iPadで空想科学小説を読んでいた。牛舎の清掃を終えた少年が彼のところにやってきたとき、ノアーは少年にこの機器を預けた。少年は、使い方を教えてもらったこともなければ、そもそもコンピュータなど見たこともなかった。発展途上国の田舎に育ち、読み書きのできない貧しい六歳の少年――この少年が直感的にiPadを使い始めたのだった。スクリーンをスワイプし、アプリを開き、ピンボールのゲームをやっている。「これが魔法でなければ、魔法って何だろう」と、ノアーは書いている。

　アップル社は、一か月も経たないうちに一〇〇万台、九か月で一五〇〇万台のiPadを売り上げた。モーゼの話と十戒の刻まれた二つのタブレット［注：元々は「石や木の平板」の意］の話はここでは触れないが、ジョブズのこのタブレットは、テクノロジーのユビキタス性（遍在性）の始まりを画するものであり、誰にとっても本質は易しいというコンセプトに、私たちをますます近づけるものである。そして、まさに、新しい始まりの第一歩に過ぎない。アプリは際限なくある。

　オランウータンでさえ、私たちと同じことができそうである。マイクロソフト社がスポンサーとなってインドネシアのジャングルで行った一つの実験がある。オランウータンは、

iPadでどうやって写真を撮るかを学習するのに一分とかからず、次いで、興奮して写真を撮りまくったのであった。実験では、オランウータンは檻（おり）の中にいて、そのフェンス越しに作業をする。そうしないと、一人にされれば機械を壊してしまうからである――これも、アップル社にとって解決しなければならないデザイン上の問題であろうか。いずれにせよ、iPadを買うために長い列をつくって並んでいるサルの図を想像してみると、実は案外、それは私たちの姿なのかもしれないのである。

iPadを生かすには、ペダゴジーがあってこそ

それはともかくとして、教育改革とは所与の事実ではなく、私たちが仕掛けていくべきものである。第一に、どんなに洗練度の高いテクノロジーであっても、それを使いこなすには強力なペダゴジーがないといけない、ということである。この点では、あれほど称賛されているiPadですら、まだ十分には使いこなせてはいない。オリン・マレーとニコル・オルセーズは、iPadについて教える立場、学ぶ立場から、論評を加えている。二人の結論は、こうである。テクノロジーの会社も主要政策の立案者も、絶えずイノベーションを重ねていくテクノロジー製品の圧倒的な力に幻惑されている、と。すべての子どもたちの手に個人用デジタル機器（ＰＤＡ）を持たせることは、何の疑念もなく望ましいことに思え

る。しかし、最善のペダゴジーとは何か、ということに注意を向けなければ、折角の宝が持ち腐れてしまう。ほんの小さな例を一つあげてみよう。デジタル機器のもつ各種性能やOS（オペレーション・システム）を最大限生かすものは、利用者たちが共同しながらその機器を利用していくことによる。しかし、開発者たちは、この共同ということに焦点を合わせていない。カナダにおける研究を想起していただきたい。それは、最近の子どもたちは、ツールを使うという点では、テクノロジーの達人であるが、その機器から最善のものをどのようにして引きだすか、というペダゴジーの点では、まったくお手上げなのだ、というものであった。マレーとオルセーズは、最後は次のように結論づけている。

人はどのようにして学ぶものであるかということについての最新の研究成果を、進んで取り入れてつくられたアプリケーションは、一つとして見当たらない。私たちの研究によれば、真に人の素質を伸ばすようなアプリケーションが不足している。（中略）その根底には、学び手の側に、人と共同して学ぶ能力の欠如がある。同様に、圧倒的多数のアプリケーションが、単に練習や演習に過ぎない、あるいは、消費財を扱うがごとくに内容を左右に運ぶことだけに焦点を合わせ、創造や応用は念頭においていない、といった状況もある。

それでも、優れたテクノロジーが立派なペダゴジーの指揮監督下に置かれれば、驚くべき成果を生み出すことは、紛れもない事実である。私の同僚、デービッド・ブースの例を取り上げてみよう。彼は、言ってみれば、リテラシー（読み書き）を専門とする教授であり、いつも若者たち、特に男子に、リーディングを教えることに熱心に取り組んでいる。以下は、彼が私に送ってくれた私信である。

iPad によるリテラシー

オンタリオ州の北部にティミンズという鉱山町があり、その町にある学校が、私たちの調査対象の一部です。私たちの調査というのは、全員男子のクラスで日常の読み書きに関係することすべてを、iPad を導入して行い、このことによってリテラシーを育てるとどうなるか、という研究プロジェクトです。生徒一人につき iPad を一台、年間ごとに貸与し、またe-リソースというものをつくりました。生徒たちは探求したいと思う学習単元をいくつか組み合わせて、自分で学習計画をつくることを求められています。そのときに、研究の手引きの役割をするのがこのe-リソースであり、それは同時に数々の小説を揃えたライブラリーの役割も果たしています。私は、iPad を使ってリテラシー戦略のいくつかを実演して見せました。各種情報や文学作品のテクストを読み解く力をつける上でも、また探求過程で触発されるさまざまな大事な発想を豊かに広げていく上でも、

iPadは力となりうるのです。テクノロジーが子どもたちの手中にどんな力を付与するか、私は甘く見ておりました。そして、私は、男子生徒たちとその教師と一緒になって、学びのプロセスの一部となりました。私は情報の世界の容易さ、アクセスの易しさにすっかり夢中になってしまいました。このワイヤレスのツールは、私のようなアマチュアの人間に対してすら、こういうアクセスを可能にしてくれるのです。男子生徒たちは、テクノロジー・コンサルタントから　実習指導を受けていました。生徒たちは、瞬く間に、自分たちをテクノ世代のポップカルチャーへとつないでくれるゲームを見つけましたし、またスクリーンをスワイプしながら、私がその存在すら知らなかった、いくつかのテクスト形式にも詳しくなっています。

次の実演では、私はiPadでインターネットを活用して行う調査活動の戦略について、探究してみたいと思いました。私は、男子生徒たちに、興味を抱いているヒーロー（英雄）たちについて、インターネットで情報を調べてみようと指示しました。私は、子どもたちの出してきたものをスマートボードに書いていきました。すると、バットマンからテリー・フォックス、ジョン・F・ケネディへと広がっていきます。一覧表が長くなると、出てきたものをカテゴリーごとに分類してみようと子どもたちに指示しました。すると、子どもたちは、政治的ヒーロー、有名人、芸術家、スポーツのヒーロー、戦争のヒーロー、勇敢に振舞った人たちという分類を考え、一人の男子が「イエス・キリスト」と大声で言ったとき、宗教的ヒーローを追加しました。子どもたちがインターネットで発見した一覧表は、一冊の参考書では見つけられなかったものでしょう。子どもたちは、ヒーローとは何かを定義するために、どんどん深く掘り下げていったのです。

　e-ラーニングは、堰を切ったように広範に活用され始めている。アップル社は、教科書をe-ブック（電子書籍）に変えていく動きを見せているが――これには、iBooks Author（電子書籍を自分で書いてみるソフト）やさまざまな操作上のオプションがついている――これは、テクノロジーの問題を複雑化させている。テクノロジーがあまりにもすごいものと見えるため、その誘惑の力が大きいからである。テクノロジーは、それを導く聡明なペダゴジーがなければ、決してすごいものなどではない。これまで見てきたように、ほとんどの場合、テクノロジーはそれ自身の生命と市場をもつものである。こうした新しい学びの環境において、教師の新しい役割とは何かを、具体的に見極めていく必要がある。新しいテクノロジーのいちばん怖い部分は、ただ何かエレガントな機械を使うだけで何かを学べる、といった錯覚に人を陥らせることだ。

　もし、今度、あなたの生後一年半の孫娘が、iPadのアプリや所定の機能をわけなく使いこなしているのを見て驚嘆するようなことがあれば、銘記すべきことがある。それは、サルが見せた操作能力と何ら変わることがなく、ちっとも印象的なものではないということである（サルにとっては、褒め言葉となるかもしれないが）。冗談はさておくとして、このよちよち歩きの幼児は、大きくなったらテクノロジーを使いこなせる達人になるであろうことは、間違いないだろう。しかし、この幼児が二一世紀をどのようにうまく生き抜くことを学んでいくかは、ひとえに、彼女が、その歩みの過程で、優れたペダゴジーや指導者に出会うかどうかにかかっている。テクノロジーの力がどんなに偉大でも、それだけで人は賢明な存在になるわけではない（そのように見えるかもしれないが）。

韓国が立ち止まった理由

ペダゴジーこそが、二一世紀に必要とされるスキルに力を与え、違いをもたらすものである。おそらく、こうした理解があったからこそ、韓国はデジタル化の拡大を見直し始めたのであろう。韓国は、すでに、教育において高い成果をあげている上位五カ国の一つである。その韓国が、二〇一五年までに小中高のすべての学校をデジタル化すると決めた施策が、正しかったかどうか、見直しを始めている。同国は、元々、完全なデジタル化によって、将来への備えのできた生徒たちを育成する「知識のパワーハウス（発電所）」たる国づくりを目指したのであった。

「そんなに急ぐな！」と、同国のリーダーたちは言っているように思える。スマートフォンに夢中になっている生徒たちは、必ずしもよりスマート（賢明）になっていないし、先にローゼンの研究で見たように、インターネット依存症と言っていいような症状を患っている場合もある（韓国では、政府が実施した調査で、五歳から九歳までの児童では、一二名あたり一名がインターネット依存の状態であることが明らかになった）。同国は、今後の歩みをもっと慎重にするものと思われる。例えば、次に踏み出すステップを決める前に、テクノロジーを他校よりも重点的に活用してきたパイロット校五〇校の成果を、評価測定することなどである。韓国のリーダーたちは、強固なペダゴジーの計画をもたないままで、大規模に教科書の電子化を図るなどということは、愚の骨頂だということをわきまえているようだ。

テクノロジーと学びを統合するものがペダゴジー

私が強調したいのは、テクノロジーを阻止することではなく、テクノロジーを学びとどのように統合していくかを考えることである。そして、この点こそが、私たちが現存する教育文化と衝突しているところである。二〇〇六年に、デービッド・ウィリアムソン・シェーファーが『コンピュータゲームは、いかにして子どもの学びに役立つか』を著したとき、彼は、子どもたちは学校の外でどのようにゲームを活用しているのか、を基にして自説を展開している。シェーファーは、学校の組織構造が、コンピュータの有効活用を困難にしている、と推測したのだ。議論の本質を回避したこのような結論の出し方は残念である。シェーファーの取り上げているゲームは、事実や情報や理論を抽象的に学ぶことに焦点を合わせているのではなく、「知識を構築し応用する」こと——これは、まさに、新しいペダゴジーである——に焦点を合わせており、この事実こそが肝要な点だからである。

それでは、今日、事情が違ってきているとすれば、それはなぜなのか。私たちは、少なからず希望を抱いている——そして、まさにこれこそが、私が本書を執筆した理由である——というのも、私たちは新しいペダゴジーに関する知識が豊かになっているからであり、機械もますますよくなっているからである。この両者を結婚させることができれば、創造的な学び手を膨大な規模で生み出せるかもしれないのだ。クリステンセンおよびレイナーの言う「破壊的イノベーション」のパラダイム［注：範型］に関しては、私たちは、まだ、その初期段階（新しい改善サイクルの出発点）にいるに過ぎないという事実も、私たちを楽観的にさせる大きな理由である。

スティーブ・ジョブズの考えたテクノロジーと教育

優れたペダゴジーを優れた機械と結びつけるという課題は、スティーブ・ジョブズなら解決しただろうという風には、私は考えない。アイザックソンは、ジョブズはテクノロジーが教育を変容させるという考え方には否定的な見方をしていた、と述べている。どういうわけか、私は、ジョブズは、その気質からして、この話題に関して学校関係者と話し合うために、第一回目の会合の開催をやり通すというような人ではなかった、という気がしている。しかし、彼は、年間八〇億ドルに及ぶ教科用図書産業に照準を定めていて、これを「デジタル破壊の機は熟した」と見ていた。彼の最初の直感は、子どもたちが学校に通うとき、教科書を一杯詰め込んだリュックを背負っていかなくてもよいようにしてあげたい、というものであったようだ。「iPad なら、これを解決できる」と、彼はどこまでも実際的であった。彼は、優秀な教科書執筆者を雇用してデジタル教科書をつくり、次にそれを iPad の特徴としていくことを考えていた。事実、アップル社はこの方向に進んでいる。

しかし、私が『成層圏の旅』で明らかにしてきたように、私たちができることは、単に優秀なオンライン教科書をつくることだけにとどまらない。共感、焦点、そして転嫁。これらにより、パーク・マナー公立学校をはじめ、ほかにも、現在実践中の iDream、iDo といったイノベーションの数々が織りなす豊かな力学を手にしているのである。ジョブズは、知的作業者としての生徒、チェンジ・エージェントとしての教師というシナリオを、多少は予測していた。彼は言っていた、アメリカの教室で、先生が黒板の前に立ち教科書を使っている、という図式が基本になっているのは馬鹿げている、と。彼は、デジタルでインタアクティブ（相互応答的）な書籍、教材、そして評価方法を主唱したのだ。もちろん、すべては個々の生徒のニーズに合わせたものであり、リアルタイムでフィードバックが得られることを前提にしている。彼は、また、生徒と教師の役割を転換させることも考えていた。もっとも、私が思うには、彼はこの図式から教師を除外することを考えていた節がある。

ジョブズは、iPadとその後続のアップグレード版は単なるタブレットではない、したがってiPadをタブレットだとしてそれを模してつくられた機器は、大事な要点を見落としている、ということに気づいていた。「アップル社のＤＮＡには」と、二〇一一年三月、iPad2を発表したときに、ジョブズは切りだした、「テクノロジーだけでは、不十分ということが浸み込んでいる。人間性とぴったりと組み合わさったテクノロジーこそが、私たちの心をときめかせる結果を生む、と信じている」と。そう、まさに人間性こそが、私たちがサー・ケン・ロビンソンとともに見たような創造的芸術の源泉なのである。しかし、ジョブズは、主体的ペダゴジーの役割を紹介することを省いてしまった。

「需要をつくる」原理

ジョブズが晩年近くに述べていることがある。それは、消費者との関係において、アップル社の果たすべき役割とは、「消費者の望みそうなものを実際に望む前に、把握することである」というものだ。これは、彼が予測したもう一つの設計原則であり、この点に関しては、今からエイドリアン・スライウォツキーの考え方を見てみたい。スライウォツキーは、その著書『需要をつくる――人の欲しがるものを欲しいと気づく前につくれ』の中で、「ケアモア・ヘルス」や「ジップ・カー」〔注：前者は健康・医療に関する、後者はカーシェアリングに関する、インターネット上の案内サイト〕などに注目し、急速に台頭してきて成功しているいくつものイノベーション例を検証し、そうした成功例には次の六つのことが共通していることを発見している。すなわち、イノベーションには人を惹きつけるものがあること、煩雑でないこと、開発過程に説得力のある裏話があること、そして、引き金、弾道、バリエーション（同種変形版）に焦点を合わせていることである。

需要をつくる人たちは、人を理解しようとして（アップル社で言う「共感」である）多大な時間をつぎ込む。彼らは、一つの製品を「たまらなく魅力的」にするまで、開発の努力をやめない。彼らは、アップル社の動詞を使わせてもらうと、人を惹きつける力を製品に転嫁する、そして「至るところに、興奮と話題を生み出す」。

需要をつくりだす人たちは、「煩わしい地図を改善する」（私たちの言葉で言えば、エレガントで使いやすい、である）。面倒なこと、時間やお金の無駄になることは、すべて削減しようとする――スティーブ・ジョブズは、クリックの回数が一つ多すぎると言って、オンとオフのスイッチがあるのすら気に入らなかった。彼らは、また、「完璧な裏の苦労話をつくっていく」――操作を容易にするために、デザインの中に洗練さや創意工夫が組み込まれている。彼らは、すべてをデザインの中に取り込むことを考え、それを適正に装備することを真っ先に考える。

こうした変革のデザイナーたちは、使い易さの鍵となる「引き金を見つける」努力をする。変革への最大の障碍は、無気力、懐疑、無関心である。製品とその開発過程は、こうした現状維持意識の壁を打ち破る必要がある。変革のデザイナーたちは、ただ派手な前宣伝をして市場に出せばよい、という風には考えない。市場で「最大の軌道を描いて飛翔させる」ための、最初の一歩に過ぎないものと見る。すなわち、製品をあくまでシンプルで焦点の明確なものにする、という方針に再び立ち返る。技術面（対製品）および情緒面（対ユーザー）で、私たちはどれだけ速く改善できるであろうか。

最後に、彼らは、意図的にバリエーション（同種変形型）というものを計画する。スライウォッキーの言う「脱平均化」である。彼らはいわゆる「万能サイズ」はあり得ないことは分かっているが、無際限のバリエーションをつくるという方策は取らない。さまざまなタイプごとのユーザーのニーズに応えようと努める。すなわち、パーソナライゼーション（個人にカスタマイズすること）である。

ジップ・カーがうまくいったのは、自宅から車まで五分で行ける――一五分でも、あるいは一〇分ですら時間がかかり過ぎる――だけで、大きな違いを生むということを、デザイナーたちが解明したことが大きかった。スライウォツキーは、結論づける。「需要をつくる人たちの偉いところは、煩わしい部分を除去したり、削減したりしようとすることだ。煩わしさがあると、たいていの製品やサービスは不便で、コストがかかり、不愉快かつ苛立たしいものだからである」と。

私たちは、車や食料品店のことは理解できるが、もっと難しいこと、例えばシンフォニーのチケット予約（あるいは、教育の改善）については、どうであろうか。売るための製品やサービスを開発する上で、鍵となるのは、機器ではなく、顧客に焦点を合わせてイノベーションを図らなければならないことである（第二章のミルクセーキの誤りを思いだしていただきたい）。シンフォニーや病院の予約にもっと大勢の人々に来てほしいと思うならば、駐車料金の無料化や無料の送迎といったシンプルなことをやることである。ただし、人を惹きつけて離さない製品をもっていなければならない。消費者は何をしようとしているのかを気にかける、プロとしてのスキルを備えておくことは、言うまでもない。

九つの異なる都市の九つのシンフォニー・オーケストラが加入する団体は、顧客についてもっと詳細に調べることにした。スライウォツキーは、この団体がコンサートへの観客動員数をどのように増やしていったかを説明している。それは、演奏の質をよくしようと努力しただけでなく、今ある観客、あるいはこれから観客になってくれそうな層の「需要のバリエーション」（ここでのバリエーションとは、脱平均化でありパーソナライゼーションである）を見極める努力をもしたからであった。顧客のバリエーションは無際限というわけではないが、一つの一様なグループというわけでもない。この調査で分かったことは、信じがたいことではあるが、初めてコンサートに来てくれた人の何と九一パーセントが、二度目来てくれることはなかったことである。さらに詳細に調べてみると、顧客には六つの異なるタイプがあることが分かった。すなわち、中核となる観客、試しに来た観客、無党派（いくつかのコンサートを順に回る）、特別な贅沢として来た観客、つまみ食い客（毎年少数枚ではあるが、定期的にチケットを購入してくれる）、常連まであと一歩の観客（コンサートにはかなり頻繁に来てくれるが、予約チケットは購入していない）である。どのタイプの観客にとっても、「煩わしい地図」の最上位は、駐車場の問題が占めた。次に、払い戻し不可、両替不可という方針が続いた。

軌道とは、絶えざる改善のことである。スライウォツキーは、オルダス・ハクスリーの好きだった「万事が過不足なく揃ってこそ、真に役立つものとなる」というモットーを紹介している。

まさにこれである。人々は何を求めているかを（実際に求めようとする前から）絶えず見極める努力をすること、そして人々が煩わしい思いをせずに実際にそれを経験し、抗しがたいほどに魅力あるものとして経験することを、容易にする努力をすることである（学校は、煩わしさがなく、抗しがたいほどに魅力あるものになっているであろうか）。スライウォツキーは、需要のアキレス腱は、製品の立ち上げにある、と言う。ほとんどのイノベーターたちは、自分たちの生み出した製品は、文句なしの本物だと感じている。が、新しいビジネスの八〇パーセントが失敗に終わっている。製品の開発、あるいはサービスの開発は、私たちが本章で論じてきた基準を満たすものでなければならない。この基準には、そもそも、適切にすべきものを極力適切にするということが含まれている。もし、新製品にあまり人を惹きつける力がなければ、需要をつくることに関わっている人たちは、必要ならば生産を停止するだろう。その上で、ひとたび製品を立ち上げたら、顧客にぴったりとくっついていることが不可欠である――情緒的にも、技術的にも。その過程で、煩わしさを除去し、高い成果を生んでいく。

スライウォツキーは、将来どういう需要が生まれるかを取り上げ、「全米エンジニアリング学会」が行った二〇〇八年の調査について報告している。この学会の会員たちは、「二一世紀の大いなるチャレンジ」は何かという質問を受けたのであった。回答の上位五つは、次のようなものであった。

1　ソーラーエネルギーを経済的なものにする。

2　核融合によるエネルギーをつくりだす。

3　きれいな水を利用できるようにする。

4　人間の頭脳をリバース・エンジニアリング（解析模倣）する。

5　個人にカスタマイズした学びを進展させる。

以上は、エンジニアたちの回答である。もし回答者が医師であったならば、間違いなく、癌の治療が上位を占めたであろう。しかし、私はあえて言いたい。どの分野のグループで調査してみても、テクノロジーと、人間と、社会的学びの統合、および世界をよくすることが、上位一〇項目に入ってくるだろう、と。

「つくる、測る、学ぶ」発想

最後に、デザインの視点から言うと、エリック・リーズは、その著書『事業の立ち上げは欲張らない』の中で、イノベーション初期の破壊的段階について貴重な視点を提供してくれる。この段階のイノベーションについては、その本質上、まだ十分な理解は進んでいない。リーズは言う。イノベーションとは、新しいペダゴジーに従って、私たちが、創造し、試行し、磨きをかけ、応用し、そして絶えず実践において――つまり、実際の状況において――改善するという繰り返しの過程を経て、育てていくものだ、試行に先立ち実験室で完成を図るべきものではない、と。

リーズは、私たちが目標の簡素化を提唱しているのと同様に、目標は三要素に絞ったシンプルなものを掲げている。すなわち、ビジョン、運転操作、加速である。ビジョンとは方向を決める重要な出発点である。しかし、実際に、試行し、磨きをかけ、リーズの言う「運転操作」をしてみないと、そのビジョンが私たちをどこに導いてくれるのか、本当のところは分からない。実際に運転してみて、自分のやっていることが分かると、加速することが可能になる。リーズは言う。一般的な捉え方は、何年も費やして私たちのテクノロジーを完全なものにするということではなく、不完全であっても「存続のための必要最小限の条件を備えたな製品」をつくろう、という控え目なものである、と。つくる、測る、学ぶ、というのが、その概念である（しかし、事の端緒は、発想が素晴らしくよいものでなくてはならない、つまりビジョンである）。リーズは、強調する。「欲張らない事業の立ち上げとは、イノベーションを象徴するような新製品の開発を新しい視点で見ることである。それを考えるための新しい見方である。イノベーションを象徴する新製品は、改善・改良の速いペース、顧客のニーズの把握、遠大なビジョン、大きな野心など、これらすべてに、同時に力点を置いたものでなければならない」と。まず、「存続のための必要最小限の条件を備えた製品」を創ることだ。次に、その後の検証結果を生かして大きく育てていく。そういう仕事として捉えればよい、とリーズは言う。

この考え方の要点は、戦略とは新しい製品を育てていくための手段としての戦略であり、でき上がったものを実施するという意味の戦略ではない、ということだ。こうしたアプローチの方法は、不確実性が支配し激しい競争がある状況において、特に向いている。リーズによれば、成功と失敗を分かつものは、「成功する企業家は、自分の計画したことのどの部分が見事なほどにうまくいき、どの部分がうまくいっていないかを見極め、状況に応じて戦略を調整できる先見の明、能力、ツールを備えていた」ことであった。

「繰り返し戻る」発想

リーズの同僚の一人、アッシュ・モーリアは、その著書『欲張らないで走る――立派なプランから機能するプランへと繰り返し戻る』の中で、さらに実際的で欲張らないアドバイスを提供してくれる。モーリアの発想は次のようなものだ。すなわち、私たちが新しい領域に取り組むとき（例えば、学校でペダゴジーとテクノロジーを一体化しようとするとき）、イノベーションのサイクルは「スピード、学び、そして焦点」が関わってきて、私たちは繰り返し「ビジョンをテストする」。この場合の「学ぶ／開発する」過程は、フォーカス・グループ〔注：調査のために抽出された消費者や利用者たちのグループ〕（人は、一度も経験したことのないことは知るわけがない）を通じて、前もってテストすることではない。むしろ、それは、スティーブ・ジョブズの取ったアプローチの方法とかなり似通っている。すなわち、まだ十分には形成されていない要望を掘り起こし発見する、そして学び手に寄り添うことで新しい現実を創ることである、と。

読者諸氏は、ここでお気づきだろう。リーズやモーリアの考え方は、アップル社の哲学——すなわち、新しい製品を大々的に市場に発表する前に、その製品を完成させておく——とは、少し異なっていることを。しかし、アップル社は、ある程度まで成功したと確認できたことを土台にして、さらに前進していく努力をしている。自分が何をしているかあまり分からないまま「運転操作」をし、予測し難い荒れた水域にいるという概念と、あるいは広々として安全な開放水域で加速していき、さらに多くを知るという概念は、両方とも成層圏の生活と完全に合致しているのである。

本章では、私たちは、統合的解決法の第三の領域に少しずつ足を踏み入れてきた。テクノロジーとペダゴジーが最初の二つの領域である。変革の知識が第三の領域である。新しいペダゴジー同様、この貴重な変革知識にも、行動上のバイアスがある――例えば、ビジョン、運転操作、加速、のような。また、「構え、撃て、ねらえ」のような〔注：常識的には、「構え、ねらえ、撃て」の順序になるが、二番目と三番目が入れ替わっているところにこのフレーズの特色がある。まずは、アクションを起こし（撃て）、そのあとで、そこからフィードバックを得る（ねらえ）ことを強調した喩え」――。ここで、私たちは変革ということについてどのようなことを学んでいるか、詳細に見てみよう。

2　変革の知識

変革の知識が不可欠である理由

変革の知識とは、奇妙な用語である。私たちはほぼ四〇年、この課題に取り組んできた。変革の知識とは、実施に関する知識である。実施とは、新しいことを実行に移すことである。質のよい実施が鍵である。大規模に首尾よく実施することは、システム全体の改革になる。テクノロジーとペダゴジーを統合して立派な新製品にできたとしても、実施がうわべだけの中身の乏しいものになれば頓挫する。これでは、何の意味もない。たとえうまくいっていると思うことがあっても、はじめのうちは、私たちはひるむことが多い。どんなに単純であっても新しいことを前にして、変化に不安を覚え、ぎこちない思いをするのは、自然なことである。そこで、新しいことをやってみるときには、人はサポートを必要とし、時には、軽いつつきあるいは押しを必要とする。ここが変革の知識の出番である。変革の知識は、世界に大きな違いをもたらし得る。変革の知識が、テクノロジーを私たちの味方につけるのか、敵に回すのかを決め得る。変革の知識があることで、私たちは、何か特定の新しいことが、価値あることか、あるいは価値のないことかを、より正確に評価測定することができる。こうした判断をすることが、変革のプロセスに入っていく、という意味である。幸い、私たちは変革のプロセスについて多くのことを知っている。この知識は、私たちがテクノロジーを相手にしているときには、常に不可欠なものである。

「モーション・リーダーシップ」と「素のエッセンス」

進歩というものは、私たちにとって、単純性・複雑性の両方の特徴をもっている。私たちは、これを「モーション・リーダーシップ」、あるいは変革に長けるための「素のエッセンス」と呼んでいる。モーション・リーダーシップとは、個人を、組織を、さらにはシステム全体を前進させるために、リーダーはどういうポジティブな動きを起こすことができるか、その力量のことである。これを実践するには、変革の知識を必要とするが、それには満たすべき四つの基準がある。すなわち、(1)人を深みのある有意味な変革に関与させるべく、動機づけをする。たとえ、最初のうち、そうした関与は望んでいないように見える場合でも。(2)人が誤った道や袋小路に陥らないよう、学ぶ手助けをする。(3)グループを使

表 5.1　変革の知識

1	焦点
2	イノベーション
3	共感
4	能力育成
5	伝染力（感化力）
6	透明性
7	非本質的なことの除去
8	リーダーシップ

う。⑷以上のことをすべて大規模に行う（システム全体の改革）。

以上を実行するためには、変革の知識が、本章で論じてきた設計基準を満たしていなければならない。本セクションでは、私は、変革の知識をさらに明確化していく。表5・1は、私たちの提唱する「素のエッセンス」のリストである。ペダゴジーとテクノロジーは方向性を示すビジョンであるのに対し、変革の知識は、進みながら学び、それを達成するための手助けとなるものである。

まず注目していただきたいのは、八つの側面すべてに対応し、それらを結びつけて捉える必要があることである。私たちは、本書全体を通じて、焦点を合わせることがいかに重要であるかを見てきた。少数の野心的な優先事項に焦点を合わせ、それを堅持することで、これまでにない広がりと深みを求めていく必要性を確認してきた。焦点を合わせることがアップル社を救った。だとすれば、私たちにも同じことができないはずはない。

生徒と教師の役割の再定義

今日、教育においてもっとも求められることは、教育をもっと魅力的にすることである。そのためには、ディープラーニングあるいは高次元のスキルの習得という目標をしっかり捉え、今ある社会あるいは世界全体において、基準を引き上げ、格差を縮小することに努めなければならない。このことに焦点を当て対応していくには、実生活に関わるさまざまな変革課題とその解決に、真正面から取り組んでいかなければならない。テクノロジーは大きな役割を果たす。しかし、それはテクノロジーを、無目的な動力源として見なしてのことではない。

さらに焦点を合わせるべきことは、役割を正すこと、特に、生徒と教師の役割を捉え直すことである。生徒たちが、もっと容易にかつ広範に情報にアクセスできるようにするためには、生徒を完全に自由にすることが必要であるが、スティーブ・ジョブズが生きていればこの考え方を支持したであろうし、ビル・ゲイツも支持する可能性が大である、と私は思っている。二〇一一年の五月、ジョブズはゲイツに対して、君の教育ビジョンを大まかでよいから教えてくれ、と求める。これに対して、ゲイツは、次のようなイメージを描いて答える。すなわち、生徒たちは、個別に講義や演習に出る、次にクラスとなってミーティングに参加し、講義や演習内容についてディスカッションを行い、課題の解決を目指す、というものだった。ジョブズもゲイツも、コンピュータが学校に及ぼしてきたすインパクトは驚くほど小さかった、という点では意見が一致していた。しかし、「この状況は変わるだろう」と、ゲイツは言う。「もしも、コンピュータとモバイル機器が、もっと個人にカスタマイズされたレッスンを用意でき、生徒たちを励ますようなフィードバックを提供できるならば」と。

上記のようなビジョンは、私たちの成層圏の考え方から見ると、不十分である。ペダゴジーというものを省いているからだ——教師を省いているからだ！　チェンジ・エージェント（変革の作動因）としての教師はきわめて重要である。教師がいなければ、私たちは、無目的のままにマルチタスク（複数の作業を同時に行うこと）をやっていることになるだろう。ボゴタ市の少年——六歳でまだ読み書きができなかった——は、iPadを一人で驚くほど上手に使いこなしていた。しかし、もし熟練のチェンジ・エージェントたる先生に教われば、一段と進歩を見せるであろう。先に言及したあなたの生後一年半の孫娘は、iPadの達人になるかもしれない。しかし、熟練の教師や指導者がいなければ、彼女があっけなく失敗することは目に見えている。チェンジ・エージェントたる教師のスキルというものは、今ではよく知られている。ジョン・ハッティは、八〇〇に上るメタ研究を行い、次のように結論づけている。「決定的に重要なチェンジ・エージェントとは、（順に言うと）知識と技能、行動計画、進捗状況のモニタリング、達成への決意、社会的・環境的サポート、そして、最後に、自由、抑制、あるいは選択である」と。

ハッティの「汝の及ぼすインパクトを知れ」

ハッティは、続編の著書の中で強調している。教師の主たる関心事は、「汝の及ぼすインパクト」をいかにして知るか、このことを絶えず把握・理解することでなければならない、と。ハッティは、さらに言う。教師の基本的任務は、「自分の教えることが生徒の学びや達成にどのような影響を及ぼしているかを評価し」、かつ「生徒の学びが成功するか、失敗に終わるかは、ひとえに、自分が教師としてあるいはリーダーとして、何をやったか、あるいは何をやらなかったかにかかっている、という信念をもつことである」と。私たち教師は、チェンジ・エージェントなのだ、と彼はほとんど叫ばんばかりに言う。教えることそれ自体ではなく、学びが、尺度である。新しいペダゴジーは、生徒と教師の役割が入れ替わり、生徒は知的作業者であり、よりよく学び考えることを学ぶ。教師は、評価測定とは、自分の及ぼすインパクトについてのフィードバックを得ることだと捉え、生徒との対話を深め、彼らの熱意や進歩に応えていく。第三章で見たように、これは、実際は、私たちが考えている以上に容易なことであり得る。つまり、学びが、生徒とっても教師にとってもウィンウィンになり、本質は易しい、ということの証左になり得るのである。リン・シャラットと私も、私たちの共著『データに表情を見る』の中で、同様の現象を詳述している。

要するに、テクノロジーとペダゴジーは、生徒と教師の両者の役割を中心に据えて、その統合を図っていかなければならない。これが、教育の将来にとって焦点の核心である。退屈している生徒も孤立している教師も、元気を取り戻し、新たな気持ちで再出発する。学校教育も、広い意味での教育も、二一世紀に期待されている教育の姿になっていく。

デジタルを土台としたカリキュラムのイノベーション

第二は、デジタルの世界を土台としたカリキュラムのイノベーション――それは、抗しがたいほどに魅力的なものでなければならない――を推進し、それを支えていくには、本章で見てきた設計基準、および第四章の始めに述べた四つの基準を用いる必要がある。詳細はここでは繰り返さない。ただ、この課題には、取り組む過程で、大きな弾みがつくことがある、ということは指摘しておきたい。それは、劇的なまでに素晴らしく、驚くほどに安上がりなものだ。これ以上に素晴らしい提案は、誰しも見つけられないだろう。

共感とは他者を尊重すること

第三は、共感というものが、豊かで、多面性をもったリソース（資源）であることが分かってきたことだ。それは、単に、他人の立場に立ち、彼らに寄り添って理解するということよりも、はるかに大きなことである。私たちがこれまで変革というものに取り組んできて、分かったことがある。教師であれ、ほかのリーダーであれ、立派な人は、他者を尊重する。他者が尊重に値する人だと分かる以前から、尊重する（変革のプロセスを始動させるためである）。そして、人の心に響く共感を抱く、あるいは自分の邪魔をする他者を理解する（だからそこ、人の心に響くのである）。また、本章で見てきたように、リーダーシップとは、あるいは教えることとは、未来への投資に主体的になることである。それは、他者が一つの世界を――自分でも望んでいることに気づいていなかった世界を――創造していく手助けをする、という意味である。教えることの定義として、これ以上素晴らしい定義が考えられるであろうか！

したがって、教師が鍵だ、ということである。端的に言えば、今いる教師とは異なる教師が、大量に必要である。アンディー・ハーグリーブズと私は、その共著『プロフェショナル集団としての資本』の中で、教師のプロフェッショナル集団としての資本はどのように見えるものであるかを、詳細に描いている。私たちは、人的資本、関係性たる資本（目標の明確なチームワーク)、そして意思決定資本の三つを組み合わせて育成していく必要がある、と信じている――これは、ティーチング・スタッフ全体のなかで育てる必要がある。具体的にどうすればよいのか、私たちは具体的行動の道順も示している。ただし、このプロセスをテクノロジーがどのように加速し得るかについては、取り上げていない。

教師のプロフェショナル集団としての能力育成

次に、変革にとってきわめて重要な第四の要因を取り上げてみよう。それは、現行の能力育成である。能力育成とは、個人および集団の、知識、技能、そして気質から成るものである。それは、一つの高基準によって何かを行う能力に関するものである。成層圏には学ぶべきことがあまりにも多いために(私が本書で取り上げているものは、その組み合わせ方がほぼすべて新しいものである)、私たちは継続して絶えず学ぶというモードに身を置く必要がある。

教育改革というものは、苦痛なほどにゆっくりとしたものである。しかし、私たちがせっかちになるあまり、テクノロジーを利用して、教師を巧みにはずしていこうなどと考えるならば、私たちは生徒たちを成層圏に投げ込み、そこで漂流するに任せるということになるだろう。生徒は、放置され自分たちだけになると、学びがうまくいかなくなることは、あらゆる実践データが示している。教師も同様である。役割の転換ということについて言えば、生徒は、大人たちにとって、立派なテクノロジーの先生なのだ――新しいパートナシップを形成していく上で、最高のリソースである。

教師の役割を再定義し、教師を学びのコンダクター（オーケストラの指揮者）かつチェンジ・エージェントたるべく備えをしていこう。これは、学びが繁栄するための必須条件である。世界を教室として使っていこう。テクノロジーの遍在する現実を受け入れよう。本書でこれまで述べてきた理由により――本質は易しい、新しいペダゴジー、人を唖然とさせるようなテクノロジー――今ほど、好条件の揃った時はなかった。大胆に動けば、本物のチャンスが訪れる。人間を心底動機づけるものと、つながっていくチャンスである。人間は他者と共同することによって、有意味なことを学びかつ実行したいという強い願望をもっている。ここで行動を起こさないことは、教師たち、生徒たちを、テクノロジーに翻弄されるままに放置し、彼らの意気をくじくことである。教師のプロフェショナル集団としての能力育成なくしては、最初から試合放棄するに等しい。

人から人へ伝染していく力を育てる

第五は、強力な変革のリソースとしての共感、能力育成とともに、伝染力が、急激な変革を現実のものとしていく上で鍵となる。教室のドアの内側でのティーチングは、死骸も同然の生気のないものであり、伝染力など期待すべくもない。iPadがあれほど爆発的に流行したのは、それが偉大なイノベーションであったから、というだけではない。むしろ、人々のネットワークを通じて広まったのだ。祖父母になっている世代でさえ、夢中になるなと言っても無理なくらいである。

　私たちの変革知識では、社会的伝染力を最重要の戦略と見て、活用している。「イノベーション志向の教え方・学び方」（ＩＴＬ）プロジェクトで分かったことを思い出していただきたい。イノベーション志向の教え方・学び方は、多くの学校に広まっていることが分かったが、学校やシステムの中に組み込まれている例はなかったのであった。こうした状況を変えていくために強力な戦略が必要と思うのであれば、グループを使うことである。例えば、イノベーション志向の教師たちがいて、彼らは同僚たちよりも組織の下部にいるとしよう。こうしたイノベーション志向の教師たちを他の教師たちを変えていくチェンジ・エージェントとして、システム全体に配置できないだろうか。実は、これはバディリコ・プロジェクトが、アフリカのサハラ砂漠以南の国々でやっていることである。このプロジェクトでは、リーダー格の教師たちが「デジタル大使」となる訓練を受け、ほかの教師たちのサポートをする。具体的には、学びのためのリソースを身近なものとしてうまく活用していけるように改善に努めている。

同僚たちを戦略的に活用するという発想は、まさに、マッキンゼーグループ［注：アメリカ合衆国に本部を置くコンサルティング会社］が、世界の教育的に成功している二〇の国と地域を研究したときに、到達した結論であり、発見であった。これらの国・地域の教育システムには、「不可」から「可」へと進展したものもあれば、「可」から「良」へ、「良」から「優」さらには「特優」へと進展したものもある。マッキンゼーのチームが出した結論は、教師の能力がシステムの中で向上するにつれ、同僚たちこそがイノベーションの最大の源泉になる、というものであった。リーダーシップは、常に、いちばん重要である。しかし、それは人から人へと伝染していく力を育ててこそ、うまく作動するものである。関係性の資本が、新しいリソースとなるからだ。

透明性は、人の性急な評価測定はしない原則に立つ

第六は、透明性はのぞき見趣味ではないということである。透明性とは、他者と共同参画し、新しいことを創り、それを評価測定することである。私たちは、結果の透明性、実践の透明性を最大限活用してきた。しかし、この透明性には、性急には評価判定はしない（さもなければ、人は隠ぺいする）という原則、共同するという原則を、中心に据えなければならない。そうすれば、自動的に、アカウンタビリティの責務は十二分に果たせる。

非本質的なものは、容赦なく削ぎ落とせ

第七。もう一つの変革の原則も、設計原則に関わるものである。非本質的なものは、容赦なく削ぎ落とせということである。私たちは、時にはこれを「気を散らすもの」と呼んでいる。焦点と気を散らすものは双子の兄弟であり、後者は悪い方の一人である。教育改革には、非本質的なものがあまりにも多くついて回る。もし、それらを本格的に削減することができれば、私たちは大きな財産を蓄積でき、山とある悲観材料に対峙しなくて済むだろう。

四つの間違った牽引力

私は、二〇一一年に書いたある論文の中で、非本質的なもののうち大きな四つを「間違った牽引力」と名づけた。外部のアカウンタビリティは、膨大な経費がかかり、しかもうまくいかない――もっと本物の、内部のアカウンタビリティの責務を果たすために、もっと安上がりで、よい方法がある。

個人主義的解決法――これは、英雄的な教師や校長がもっと増えればよいとする解決法である――も、時間と経費を浪費するだけの解決法である。個人に頼るのではなく、グル

ープ――関係性の資本である――を育てることだ。そうすれば、大きな規模で個人を育てることができ、仕事のやり方として優れている。

テクノロジーが、三番目の間違った牽引力である。テクノロジーを、補助的役割を果たすものとみないで、スター的役割に抜擢していることが間違っている。テクノロジーは、私たちがそれを使う姿勢しだいで、善にも悪にもなるものだ。だからこそ、重要な牽引力として、ペダゴジーと道義的命題が必要になるのである。こうしたものがあってこそ、その次に、テクノロジーを最善の手段の一つとして、尊重し、積極的に活用したいという願望を抑えられなくなる。

その場しのぎ、行き当たりばったりの方策ややり方――これと正反対なのが、システムとしての統合性に基づく方策・やり方である――が四番目の間違った牽引力である。縦割り意識が強く、横の連携を重視しない姿勢は必ず停滞を招く。インタアクティブな（相互応答的な）力学が働いているシステムでは、全体は部分の総和よりも大きいのである。

究極的には、変革知識の八つの要因は、システムの接着剤としての役割を果たすものであり、これがあるがゆえにグループとして学ぶことが可能になるのだ。八つの要因のどの一つをとってみても、結合力をもつことが分かるだろう。

リーダーの役割は統合・調和を図ること

第八は、リーダーシップは、システムの結束性を保つための究極的な牽引力になる必要がある、ということである。別の言い方をすれば、リーダーの役割とは、私たちがここで特定してきた変革知識の要因のうち、ほかの七つの要因の統合・調和を図ることである。だとすれば、リーダーたる者は、他者の中に、焦点を合わせる力、イノベーションができる力、共感する力、学ぶ力、共同する力、透明性の重要性を理解する力、非本質的なものを削ぎ落とす力を、育てなければならない。そして、自分自身の中にも、他者の中にも、リーダーシップを育てていかなければならない。究極的には、誰もがチェンジ・エージェントになることである。

私たちにとっての挑戦

変革の知識は、あなたの成功確率に違いをもたらす。そうだとすれば、表5・1の八つの要因を、チェックリストとして活用していただきたい。しかし、変革のプロセスは、学びのプロセスであることは、忘れないでいただきたい。一つのビジョンを指針とする。しかし、他者とともに働き、そのビジョンを行動へと移す。学んでいることの有効性を確認し、行動を加速させる。障碍を理解し、それを乗り越えるために、変革の知識を慎重に活用する。変革の素のエッセンスを言えば、まさにそのようなものである。ほとんどどんな状況であっても、扱いやすいものである。学びの過程によく似ている。何か有意味なことを他者と一緒になって実行するとき、あなたは奇跡を達成できる。

私たちにとっての挑戦は、最善の変革知識と、最善のテクノロジー・最善のペダゴジーを組み合わせることである。これができれば、教育の変容過程は、劇的なまでに加速していくだろう。これら三つの力に相乗効果が働くからである。ペダゴジー、テクノロジー、そして変革の知識が、調和を保って作動するとき、それは学びのパワーハウス（発電所）となるだろう。私たちは自信をもって言える。もし、こうしたことが起これば、テクノロジーは、私たちの期待をはるかに超える恩恵をもたらしてくれるだろう、と。テクノロジーは、未来の形をつくる強力なプレーヤーとなるだろう。

第六章

テクノロジーを使いこなす

テクノロジーを味方につけて進む

テクノロジーは、教育分野を除き、事実上社会のあらゆる面――考えられ得るあらゆるセクター――で、劇的なまでの影響を及ぼしている。このような言い方をせざるを得ないのは、残念でならない。学びは、間違いなく世の中でいちばん大事な人間のリソースである。この学びが、地球上に出現した最大最高のテクノロジーというリソースから、恩恵を得ていないのである。今は、コンピュータが学校に向かい、学校がコンピュータに向かう時である。しかも、一日二四時間、三六五日に渡って。

テクノロジーは、あまりにも強大であるがゆえに、プランをもたずして使うことは不可能である。テクノロジーへのアプローチの仕方は、それが生きている現象であるかのように行うのがよいのかもしれない――少なくとも、生きている植物、あるいは雪崩に対するように、接するのだ。本書で先に触れてきたように、今から五〇年後、自分の所有するロボットと結婚することが合法的になっているかもしれない。こういうことは、誰にも予測のつかないことだ。実際は、見慣れないことがいろいろと起こっているのだ。いずれにせよ、私たちはテクノロジーに対しては、システムとして考えるというアプローチの方法を取り、テクノロジーとバランスを取って共生していくことを学ぶ必要があるのである。言い換えれば、テクノロジーを生物生存圏に存在するものの一部として、取り扱うことだ。

すでに言及してきたように、ここでの命題は、テクノロジーを敵に回すことではなく、テクノロジーを味方につけて、進むことだ。同じことが、テクノロジーと教師間の関係性の考え方にも当てはまる。テクノロジーに投資することは、力量不足の教師の穴埋めにもなるという考え方をする国があるとすれば、とんでもない間違いである。テクノロジーのことを考えるときは、必ず教師や指導者のことを気にかけないといけない。テクノロジーを味方につけた教師にして、初めて違いをもたらせる。生徒が三番目のパートナーである。三者すべてが、共に不可欠な存在である。

アメリカの公教育システムがどんなにひどい状況にあるのか、一般の人は理解していない。世界ランキングが二〇位、あるいはそれ以下というのは、単に統計上のデータというだけでは済まされない。多くの問題が隠されている。いちばん辛口の批評家が指摘するよりもひどい状況であり、今も状況は悪化を続けている。脳が癌におかされているのに、無視しているようなものである。今後十年間の目標は——しかも、私たちが達成できる目標は——半分の経費で、学びを倍加することでなければならない。この目標の達成は、テクノロジー、ペダゴジー、そして変革の知識を統合すれば可能であり、現実味を帯びたものである。これは、私たちが思うほどに難しくはないかもしれない。というのも、ひとたびこうした取り組みをいくつかでも正しい軌道に乗せられれば、それはそれ自身の命を帯びるようになるからである。複雑性の理論は、エレガントなまでのシンプルさを求めることを、常にその目標としてきた。そして、少数の強力な力を解き放ち、そこから生み出される、これまで見たこともないアトラクター〔注：「人を惹きつけ、魅了するもの」の意。ディトラクター「人の気を散らすもの」の反意語として用いられている〕を識別し、それを収穫してきた。しかし、これは、言われるほどに神秘的なことではない。まず、問題から見てみよう。

1　格差は広がるばかり

システムとしての成果の平均値が、いちばん重要な要因なのではない。高い成果をあげる者と低い成果しかあげられない者との格差が、重要なのである。健康エコノミストのリチャード・ウィルキンソンとケイト・ピケットは、「平等性の高い社会のほうが、ほとんど例外なくうまくいっているのはなぜか」ということを、明確な証拠をあげて私たちに示してくれる。教育的・経済的不平等は、社会の次のような面でのショッキングな数値につながっているのだ。すなわち、信頼度、精神疾患、平均寿命と幼児死亡率、肥満、子どもの教育成果、十代の出産、殺人行為、刑務所収監率などである。そして、苦しむのは貧しい者だけではない。不平等な社会の上から下まであらゆる階層の者が、幸福度を測るほとんどの指数において、その低下を見ているのである。ウィルキンソンとピケットが示しているように、アメリカは先進国の中でももっとも不平等な社会の一つである。

さらにひどい現象がある。不平等の問題は、十年ごとにますます顕著かつ固定的なものになりつつあることである。不平等の深刻化は、社会にとって時限爆弾に等しい。これまでのところ、テクノロジーは私たちの友人にはなっていない。本書で述べているように、私たちはまだテクノロジーを友人としていないからである。エリック・ブリンジョルフソンとアンドルー・マカフィーは、その共著『機械との競争』において、テクノロジーに対する私たちの受け身で惰性的な関係性が、私たちを殺している、と主張している。「創造的破壊」と題した章で、彼らはこのことを次のように表現している。すなわち、「デジタル・テクノロジーは急速に変化しているが、私たちの組織やスキルは、それに歩調を合わせていない。その結果、何百万という人々が置いてきぼりを食っている。彼らの収入も仕事も破壊され続け、絶対的購買力で見れば、デジタル革命が起こる以前よりも、生活がより苦しくなっている」と。アメリカの平均収入は、ＧＤＰで測定すれば増加しているが、その恩恵は等しく分配されていない。ブリンジョルフソンとマカフィーの示すデータによれば、一九八三年から二〇〇九年まで、収入の増大はすべて人口の上位層二〇％に当てはまることであり、残り五分の四は、収入の実質は減少しているのである。

共著者たちは言う。近い将来、いわゆる「負け組」は人口全体の九〇％にまで達する、と。二〇〇一年以降、上位一％が成長全体の六五％を受け取ってきた。二〇〇八年以降、資本の投入は二六%増加する一方で、人件費は横ばいの状態である。企業の収益はここ五〇年上昇を続けている一方で、労働による収入はここ五〇年低いままである。端的に言えば、紛れもなく労働から資本（資本は富裕層が所有している）へのシフトがあり、このシフトは（惰性のまま放置すれば）不可逆なものになっていく。このような状況からは、富裕層にとっても貧困層にとっても、何らいいことが生まれてこないのは、目に見えている。私たちは持続不可能な環境をつくりだしており、この環境は環境問題であると同時に、社会経済的な問題でもある。こうした流れは、目的性をもったものではない。これは、相対的に裕福な層の人たちが自助努力をしている結果、生まれているものだ。この層の人たちは、利用できるチャンスは極力利用している。教育とテクノロジーを結合した力というものに、ほかの層の人たちよりも、アクセスできる機会が多いからである。何人も自動的にテクノロジーの進歩の恩恵を受けるものとする、などと規定した法律は存在しないのである。

2　私の解決策

時が経つのは速いもので、もうすぐフランクリン・ルーズベルト（ＦＤＲ）がアメリカ大統領として就任演説を行ってから一〇〇周年になる［注：一九三三年に大恐慌の経済危機のもとで大統領に就任」。この演説には、大恐慌の最悪期におけるよりも、絶望感が色濃く見られる。ルーズベルトは次のように述べている。「いかなる国であれ、たとえどんなに裕福であっても、人的リソースを浪費できる余裕のある国などあり得ない。大量の失業によって引き起こされた士気の阻喪が、私たちの最大の華麗なショーになっている。道徳的に見れば、わが国の社会的秩序にとって、これ以上怖い脅威はあり得ない」と。

解決策は、これまで本書で考察してきた成層圏の中に潜んでいる。それは、労働を支配する資本ではなく、労働と共にある資本である。この考え方は、必然的に、本書の土台をなす三本柱の統合へとつながっていく。その素のエッセンスはシンプルなものであるが、その力は強大なものである。その解決策は、ペダゴジー、テクノロジー、そして変革の知識の三つの力を統合し集中させることの中に存する（表6・1）。いやしくも失敗を回避したいのであれば、私たちは、すべてを学びに関連づけ（ペダゴジー部分）、テクノロジーを浸透させ（テクノロジー部分）、そしてシステム全体を関与させる（変革部分）必要がある。

表 6.1　解決策

1	すべてを学びに関連づける
2	テクノロジーを浸透させる
3	システム全体を関与させる

長いリストをつくったところで変革はうまくいかない。実際的で強力なコアとなる哲学をもつのがよい方法である。実際的というのは、行動のための指針として役立つという意味である。強力というのは、

私たちが期待した以上の結果を生むという意味である――それは、さまざまなプロセスを呼び込み、始動させるものである。このプロセスによって、よいことが大規模に起こる。自動的に起こるのではないにしろ、容易にその「誘因」となる。

すべてを学びに関連づける（ペダゴジー）

私たちは、学びとは直結しない事柄の評価測定には経費を節減し、抗しがたいほど魅力的な学びの体験を創っていく仕事には、もっと経費をかけるべきである。私が、ペダゴジーあるいは学びを主要たる牽引力としたのは、このためである。最初に問うべきことは、「私たちは学びに関する実践の全体を、どのように創るか」ということである。リテラシーとディープ・ラーニングという目標、――すなわち高次元スキル（適切なリテラシーは、高次元である）を、中心課題とする必要がある。創造性、情熱、目的も、重視しなければならない。こうしたことは、すべて、時間をかけ段階を踏んでペダゴジーを組み立てていくことよって、できることである。生徒は、年齢の進行とともに、ますます実人生の課題に関心を深め、チェンジ・エージェント、あるいは人生の先達としての教師に導かれるものだからである。

テクノロジーを浸透させる（テクノロジー）

第二は、私たちは、テクノロジーが浸透しなければ——実際は、浸透させなければ、が正しい——私たちの実践のすべてを学びに関連づけることは、難しい。私たちは、すでに、デジタルの世界がほぼ無際限であることを知っている。テクノロジーは、私たちがそれを使って仕事をするとき、私たちの望むことに応えたいと望んでいる。人間が自然を敵に回して、何かがうまくいったためしはない。人間が機械を敵に回すことも、同様であろう。持続可能性という概念が、私たちに教えてくれることがある。それは、私たちがもっている唯一の未来とは、焦点、共感、そして調和を、私たちのモーダス・オペランディ（仕事のやり方）とすることだ、ということである。ジェレミー・リフキンは、このことを「共感的文明」と呼んでいる。その意味は、進化というものは、私たちがその進行過程に積極的に関わってこそ、私たちに味方してくれる、ということである。

システム全体を関与させる（変革）

テクノロジーを浸透させると言っても、抽象的な命題と捉える必要はない。「ガジェット（ちょっとした機械装置）が学校に向かう」という話、あるいは読み書きのできない六歳の子どもがiPadを使っているという話を紹介したところで見たように、テクノロジーを学校に解放するという行為だけでも、多大な効果が期待できるだろう。しかし、私たちはそれよりももっと多くのことができる。すでに紹介したように、ペダゴジーとテクノロジーを、深くかつ使いやすいように結びつけたさまざまなイノベーションが、各地で行われている。そのねらいは、そうしたさまざまなイノベーションを蓄積しておくためのプールを深くすることである（思いだしていただきたい。テクノロジーとペダゴジーを結びつけて、抗しがたいほどに魅力的な経験の機会をつくるという発想を）。私の予測では、二〇一三年頃には、こうしたタイプのイノベーションが、質、量ともに、爆発的に伸びていくと見ている。こうしたイノベーションが、公立学校システムに波及してくるのを、妨げないようにしなければならない。こうしたイノベーションは、人的資本や関係性の資本を増大させるためにテクノロジーを活用することなのだ、と捉える必要がある。基本的な問題は、私たちはどのようにして日進月歩のテクノロジーから最大限の利点を引きだせるか、ということである。

3　止まらぬイノベーションの勢い

絶え間なく進化するイノベーションは、急激なものであり、かつ深いものである。このことは、私たちにとって追い風となるだろう。私たちの眼前に見えてきた三つの例を見てみよう。第一は、特定のテクノロジーである。第二は、社会的イノベーションである。そして、第三は、将来のテクノロジー分野のイノベーションから得られる恩恵（同時に、危険性もある）である。

テクノロジーは高価でなくなるにつれ強力になる

三つの事例に入る前に、コストについて一言言っておきたい。私は、本書では、会計的な事柄は取り上げてこなかった。しかし、質とインパクトが増大していくにつれ、コストは削減されていくだろうというのが、私が暗黙に想定してきたことである。テクノロジーは高価でなくなるにつれ、それだけ強力になるものだ。ペダゴジーのイノベーションの多くは、いわば、たいして経費のかからない労働を無料解放する――生徒たちはもっと多くの学習をし（しかし、それを魅力的なものと感じる）、大人たちはもっと効率的な情報の交換を行うようになる。クラウドソーシング（ユーザーが、ほかのユーザーたち、すなわち、群衆〈クラウド〉との、情報の流通やフィードバックを通じて、良質なものを選りすぐっていく過程のことである）が広く普及する。有能な教師の指導を、より多くの生徒が受けられるようになる。そして、インターネット上で利用できる無数の無料のデジタル世界のリソースは、絶え間なく増大していく。私たちは、この新時代に入っていくにあたって、質が何倍にも増えるにつれ大きな貯蓄をすることが可能であるという思考態度をもつ必要がある。コスト削減を主たる牽引力とすべきではないだろう。しかし、一人当たりのコストは、間違いなく自然に減少していく。

イノベーションの三つの事例

第一、音声認識技術

それでは、三つの事例に話を移そう。

特定のテクノロジーの例をあげれば、偉大な映画監督にして教育家であるパットナム卿［注：デイヴィッド・パットナム］は、アイルランドの小学校校長たちの集まりで、次のような予測をしている。すなわち、音声認識技術は、今はまだ開発の初期段階に過ぎないが、一〇年以内に生活のあらゆる面を支配するであろう、と。私たちは、この制止できない、やがて間違いなく遍在化する現象のもつ影響力を、理解することすら始めていない。

第二、テクノロジーは社会の結束を強化する

第二のブレークスルー（突破口）としての例は、一つの社会的イノベーションである。これは、ダニエル・ジョージ、キャサリン&ピーター・ホワイトハウスとその同僚たちの取り組みから、起こったことである。彼らは、その共著書『世代間の横断』の中で、どうすれば、年配の世代と若い世代が共同し、集団としての知恵を育て、コミュニティーとしての健康を増進していくことができるかを論じている。世代間を横断した学びという現象には、成層圏に特有な特徴がすべて見られる。それは、実生活の課題解決に根差したものであり、老若を問わず、どうすれば、社会人、市民、環境人としての責任感を育てられるかを、教えている。あらゆる年齢層に、共感というものを教える。それは安価であり、新しいリソースはほとんど必要としない。そして、テクノロジーは、若者が年配者に教えるとき、自ずと社会の結束を強化する働きをもつ。すると、誰もが恩恵を得られるようになる。

第三、医学の創造的破壊と個性化の科学

第三の例は、テクノロジー分野のイノベーションは、全体を概観すれば、次の時代にさ

らに大きく飛躍するだろうという確信に基づくものであるが、それが具体的に何をもたらすかは分からない。医学界で起こっていることを、一つの比喩として使えるかもしれない。エリック・トポールは、医者でありこの分野の専門家であるが、この現象を「医学の創造的破壊」と呼んでいる。

トポールは、これを未曾有の輻輳と捉え、輻輳する要因を文書化してまとめている。すなわち、遺伝学、各種ワイアレスのセンサー、画像解析、情報システム、各種モバイル機器の結合性、そしてソーシャルネットワーキングである。それぞれの詳細を論じることは本書の力量を超えるものであるが、次のことは考えていただきたい。すなわち、生物学だけに限っても、科学者たちは、現在、技術的にはすべての人間ひとりひとりのDNA配列を解読でき、個々人の遺伝子構成を明らかにできるのである。画像解析と情報システムを織り込めば、私たちは、さまざまな疾患の猛襲を事前に予測し、それに変更を加える――つまり、防ぐ――という未知の領域に、もうすぐ足を踏み入れることになる。わざわざサイエンス・フィクションを読まなくとも、トポールと同様、次のような図を描けるのである。すなわち、近い将来、「私たちは、（私たちの頭脳に埋め込まれた）半導体素子に耳を傾けるようになっているかもしれない。この半導体素子は、私たちの携帯電話によって注文対応できるようになっており、無線で作動を開始し、私たちの気分を高揚させたり、苛立ちを抑制したり、あるいは突然ロマンチックになったりするかもしれない」という未来図である。

こうしたビジョンはさておくとしても、トポールの結論の趣旨は、医学の創造的破壊により、「私たちは、個々人に関して非常にきめの細かな知識を得られるようになり、個性化の科学と呼んでいいような段階に至るであろう」というものである。

テクノロジーとペダゴジーの組み合わせにこだわり続ける

教育者たちには、これこそがまさに「パーソナライゼーション」が学びにおいて目指しているものである、ということがお分かりいただけるであろう。すなわち、学びを精密でかつ個々人のニーズに合ったものにする、しかも大規模に――すなわち、万人のために――やる、そのための一方法である。成層圏は、これこそが私たちが足を踏み入れた時代であることを予測する。さらに大事なことは、可能性の地平が爆発的に広がったがゆえに、私たちは知恵をもって臨まなければならないということである。ここで言う知恵とは、テクノロジーとペダゴジーが組み合わさって、どのように学びの経験や結果を生み出すかということに、あくまでこだわり続けることである。学びの経験や結果は、第四章で紹介した四つの基準が、そのまま当てはまるであろう。すなわち、抗しがたいほどに魅力的であり、エレガントなほどに効率的であり、技術的にどこでも利用可能であり、そして実生活の問題解決に徹している個別化した学びである。

変革の知識――「本質は易しい」

テクノロジーとペダゴジーの知識に精通していることに加え、三番目の鍵が必要となる。すなわち、変革の知識である。私たちが、本質は易しいというアプローチをすれば、限られた範囲であっても実践はうまくいくであろう。この点で、第三章で示したように、人の興味や関心を捉え、楽しくやり甲斐のある経験ができる機会を与えられれば、変革は私たちの思っているほど難しいものではない。同僚たち（生徒であれ、教師であれ）のもつ力を解放し、互いに助け合って学べるようにすれば、変革はうまくいく。世代間の学びを取り入れることができれば、さらにうまくいくであろう。イノベーションを起こす源となるのは、現場の末端にいる同僚たちであり、お互いに学び合っているあらゆる年齢層の人々である。あえて大雑把な言い方をすれば、これはかなり安上がりな事業である。そのインパクトは、ソーシャルネットワーキングの経験で分かるとおり、唖然とするほど強力なものである。要するに、私たちは、生徒と教師、若者と年配者の役割を転換し、新しい学び方の内部に、両者の強力な相互連結性を育てていく必要があるのだ。

変革の知識をより広範なレベルで捉えれば、システム全体の施策と戦略が問題となる。

私は遠大な構想を述べるのではなく、素のエッセンス、つまり少数のコアとなる要点について話してみたいと思う。私たちが、オンタリオ州で、システムとしての方向性を強く打ち出すことと、ボトムアップによる参加や当事者意識とをどのように結びつけるか、その方策を検討することは、大した苦労ではなかった（そして、このときテクノロジーのもつ力を辛うじて活用したのであった）。私は、同僚たちとともに、システム全体を改革するための大きなシステムとしての能力を育成することに、全力を尽くしていた。システム全体のアジェンダ［注：問題解決に取り組むための手順］に関与していくには、州と国のパートナーシップが必要である。州や国がやるべきことは、テクノロジー、ペダゴジー、そして変革の知識を組み合わせながらこの仕事に集中する——ただ、このことを確実に行うことである。この意味では、州が変革の単位である。このアジェンダ——言わば、聖なる三位一体［注：テクノロジー、ペダゴジー、変革の知識を指している］——については、政治家、政策立案者、出版社、そして大学から、強い関心が寄せられている。一例をあげれば、いくつかの州は、主要州立学校関係者協議会の後援の下（もと）、いくつかの有力な教育財団にスポンサーとなってもらい、「イノベーション・ラボ・ネットワーク」という名の連合体を結成し、まさにこのアジェンダに取り組んでいる。

　本書で述べてきた変革の知識は、私たちに次のことを命じる。まず自分の足元の組織で、具体的で高出力のイノベーションと戦略を実施せよ、しかるのち、それを広範囲に流布しシステム全体に浸透させよ、これはやらねばならないことであり、またやれることである、と。テクノロジーの力を活用すれば、イノベーションを、その実質相において蔓延させることができる。

ついでに言えば、新規事業を小さく立ち上げること（素早い学びのサイクル）についての素のエッセンスと成層圏的解決力があれば、発展途上国であっても、発展・育成に必要な時間を飛躍的に短縮できるだろう。そうすれば、息を呑むような俊敏さと低コストで、進歩を遂げることができるだろう。しかし、このテーマには別の本が必要だ。

テクノロジーは万能薬ではない。テクノロジーであれば、何であっても、ペダゴジーに向いているというものではない。そして、立派なペダゴジーというものは、テクノロジーがなくても存続が可能であり、また存続していくだろう。しかし、私たちは、テクノロジーの有する力を、誤った場所に配置し、十分に活用してこなかった。私たちが、テクノロジーを万人のための探究的学びに役立てようとして取り上げるときには、警戒が必要である！　他方、私たちが、テクノロジーをただ小道具としてだけ用い、基準に従い評価測定をやりながらしぶしぶ歩きだすというのであれば、その見返りは誰の目にも自明であろう。すなわち、より高度なレベルの退屈さでしかない。

今は、学びを塞いでいた蓋を取り除く時だ。組み立てるべき道具立ては、すべて揃っている。私たちは知っている、三本柱の適正な組み合わせは、すでに、苛立ちを覚えている学び手たちや教師たちの心を捉え、彼らの共感を呼んでいることを。今は、この三本柱を劇的なまでにエキサイティングな方法で活用し、半額の値段で倍の学びができる成層圏においてて、私たちがお互いに出会うべき時である。棚の上に鎮座するテクノロジーのために黙ってお金を支払うというやり方をやめ、取引の仕方を変えてみよう。機械にも働いてもらい、一緒に競走するのだ。テクノロジーにも、応分の仕事をさせるのである。このことが正しく理解できければ、テクノロジーは私たちの要望に応えることを望んでいる、ということが分かるであろう。

訳者あとがき

本書と私の出会いは、二〇一六年の八月に遡る。西オーストラリア州の州都パースで、ＩＣＰ（国際校長協会連合会、通称「世界校長会」として知られる）の理事会が開かれており、私は全高長（全国高等学校長協会）を代表してそれに出席していた。そのときのディナー（懇親会）で、たまたま同じテーブルで私の前に座ったのが、マーク・スパーベルという人であった。彼は、マイクロソフト社の教育部門の責任者であり、この日はゲスト講師として招かれ、理事会の折に講演をしてくれた。マイクロソフト社が世界の教育のネットワークづくりにどのように活動しているかを紹介し、よければ皆さんの学校も参加してください、という趣旨であった。

歓談しているうちに、私が手元にマイケル・フランの本を持っているのに気付き、話題がマイケル・フランに移っていった。そして、フラン氏はよく知っている、自分が勤めているシアトルのマイクロソフト本社に何日も連続して通い、取材活動をしていた、というのである。後日、その成果が『成層圏』（本書の原題）という本にまとめられていることを知り、読んでみたが、まさに目から鱗が落ちる思いであった、と感動を語ってくれたのであった。

マーク自身は、オーストラリア国籍の人であり、ハイスクールで、教員、副校長、校長を経験し、請われてマイクロソフト社に転職したそうである。年の頃、五〇代前後の人であった。彼にとって、教育と情報テクノロジーの活用方法を模索・研究することは、彼の仕事の核心部に関わることであった。『成層圏』には、単にテクノロジーの功罪だけではなく、教育の在り方を変える力、ネットワークをつくり人類社会を変える力にも触れており、あれだけ深遠な構想をできる人はいない。教育関係者にとっては、必読の書だという。

私は、帰国後、早速読んでみた。とにかく、先へ先へと読み進みたくなるほど面白い。教育関係者でなくとも楽しめる本だと思った。もちろん、テクノロジー、ペダゴジー、変革の知識という「成層圏」を構成する三つのキーフレーズにより、学校教育をどう変革していけばよいかということが、主たるテーマではあるが。そして、出版のあてもなく翻訳してみた。

本書は、二〇一三年の刊行であり、もうすぐ刊行から一〇年が経つ。この事実がネックとなって、出版が難航した。しかし、一向に古くなっていない。著者のフラン氏自身が、日進月歩のテクノロジーについて何を述べても、その耐用年数は非常に短いものであり、たちまち古くなって顧みられない運命にあることをいちばんよく知っている。氏は、このことを強く意識し、テクノロジーの進歩如何にかかわらず、人間の教育にとって古びないもの、確固たる原理原則に立った不易なるものを追究し、提言しようという固い決意のもとに、本書を執筆したことがうかがえる。将来ビジョンを描き、現実と具体的に照らし合わせ、言わば羅針盤を提示することは、なかなか勇気のいることである。教育変革の泰斗と呼ばれるフラン氏は、敢えてそれをやってのけた。それが本書である。

「成層圏」という言葉は、一般の人には馴染みが薄いだろう。地球を囲む層には、地表に近いところから順に、対流圏、成層圏、中間圏、熱圏、外気圏、宇宙空間と分けられるそうであるが、フラン氏自身は、次の意味で使うと最初に宣言している。このアナロジーが理解できれば、本書の理解には十分であろう。

私はこの三つの力を「成層圏」と呼んでいる。それはクラウド［注：「雲」が原意。いわゆるオンライン・ストーレッジのこと］よりも大きい。――クラウドとは、「あちら」にあるインターネット・リソース（資源）の巨大な源泉であるが、その物理的位置は知られていない。しかし、実在するものであり、私たちは携帯機器によってそれにアクセスすることができる。クラウドは、あちらにあって、こちらの携帯機器の中にもある。そういうことが同時に起こる。このことは、理解できなくても実感はできる。成層圏はこれに似ている。ただし、もっと壮大である。（第一章）

「三つの力」とは、リフレインのように何度も出てくるが、テクノロジー、ペダゴジー、変革の知識のことである。このうち、ペダゴジーという用語は、われわれにとって今一つしっくりこないのではないだろうか。辞書には次のように定義されている。

pedagogy: the method and practice of teaching, especially as an academic subject or theoretical concept. (Oxford Dictionary of English)「教える方法と実践、特に学術的な主題あるいは理論的概念として用いられる」

本書では、「ペダゴジー（教授法）」と表記しているが、フラン氏はこの辞書の定義のように「特に学術的な主題あるいは理論的な概念として」用いている。第三章の「3新しいペダゴジー」には、氏の構想が詳しく述べられている。また、第四章の「〈イノベーション志向の教え方・学び方〉研究プロジェクト」、「イノベーション志向のシステムづくりの必要性」、「〈生徒の成業を検証する教師チーム〉推進事業の立ち上げ」、「パーク・マナー校の取り組み」等の項には、ペダゴジー開発に向け教師たちが奮闘する様子が、詳細に語られている。

フラン氏は、ペダゴジーを中心とした「成層圏」構想を、具体的に肉付けする方向や方法について多くの紙幅を割いて論述している。しかし、読者には簡潔な言葉でまとめられるようには把握しがたい。もし簡潔にまとめてしまえば、読者はそれに引きずられ、それに頼り、自校の生徒の実態に沿った形のペダゴジーを開発しなくなる、つまりフラン氏から見れば、この本がマニュアル的な読まれ方をされるというリスクを背負うことになる。

それを避けるために、上記のような例を挙げ、ペダゴジーとはでき合いのものではなく、あくまで社会の状況や環境を見、生徒の実態に合わせ、各組織で創出するものだ。明確なコンセプトを描き、いろいろな実践例から学び、自校の実態に合ったペダゴジーを開発してほしい、という願いが込められている。第四章は、そういう教育現場の先生方が、ネットワークをつくって教育変革に取り組んでいる様子を、敬意を込めて紹介している。ここで注意すべきは、著者の次の指摘であろう。

「検証チーム」はこれまで述べてきたことすべてを、テクノロジーに何の役割ももたせていないという意味で、片手を後ろに縛ったままでやっている。テクノロジーをうまく取り込めれば、この取り組みはさらに容易になり、経費も少なくなり、高次元スキルの学びに及ぼすインパクトの点でも、はるかに大きな成果が期待できるであろう。（第四章）

つまり、「テクノロジーに何の役割ももたせ」ないで、ペダゴジー開発の努力をしたということである。逆に言えば、テクノロジーを使わなくとも、教育の基本は成立する、あるいは成立させなくてはならない、という意味である。ペダゴジーなしに、テクノロジーを使おうとするのは、テクノロジーを使うことそれ自体を目的にしていることになり、逆立ちした発想になるという指摘である。肝に銘じるべきことである。

今般、新型コロナウィルス感染症対策のため、学校は児童・生徒の登校を停止し、オンライン授業を実施しているところが多いだろう。教師たちはZoomやTeamsなどのソフトの使用法を学び、普段行っている授業に近い形で、授業の補填に努めておられることだろう。デジタル化時代のテクノロジーの威力を実感された方も多いに違いない。しかし、この段階では最新のテクノロジーを使って従来型の授業を復活させているに過ぎない。テクノロジーのもつ潜在力を最大限生かすには、時代に相応しいペダゴジーの開発がどうしても不可欠である。今経験していることを契機に、新しいペダゴジーの開発の必要性を感じておられる教師も多いに違いない。パンデミックはやがて終息するときが来る。そのときには、本書が新しいペダゴジーを創出する一助となることを願う次第である。

本書の刊行が実現するに至ったのは、東洋館出版社編集部の尽力によるところが大きかった。翻訳原稿を丹念に読んでいただき、本書に含まれる様々な洞察や慧眼を評価していただいた。深く感謝申し上げます。

塩崎　勉

令和四年三月

参考文献

"All the World's a Game." Special Report: Video Games, *The Economist, Dec*ember 10, 2011.

Amabile, Teresa, and Steven Kramer. *The Progress Principle: Using Small Wins to Ignite Joy Engagement and Creativity at work.* Boston: Harvard Business Review Press, 2011.

Andrews, Lori. "Facebook Is Using You." *New York Times*, February 4, 2012, 7.

Brown, Jesse. "Gadget Goes to School." Toronto Life, January 2012.

Brynjolfsson, Erik, and Andrew McAfee. *Race Against the Machine: How the Digital Revolution Is Accelerating Innovation, Driving Productivity, and Irreversibly Transforming Employment and the Economy*. Lexington, MA: Digital Frontier Press, 2011. eBook.

Carr, Nicholas. *The Shallows: What the Internet Is Doing to Our Brains*. New York: W.W. Norton, 2010.

Christensen, Clayton, and Michael Raynor. *The Innovator's Solution: Creating and Sustaining Successful Growth.* Boston: Harvard Business School Press, 2003.

Cisco-Intel-Microsoft. *Assessment and Teaching of 21st Century Skills.* Melbourne, AU: ATC21S, 2010.

Council of Chief State School Officers. *The Next Generation of Learners.* Washington, DC: Council of Chief State School Officers, 2011.

Dixon, Bruce, and Susan Einhorn. *The Right to Learn: Identifying Precedents for Sustainable Change.* Anytime Anywhere Learning Foundation, IdeasLAB, and Maine International Center for Digital Learning, 2011.

Doidge, Norman. *The Brain That Changes Itself.* New York: Penguin Books, 2007.

Fullan, Michael. *Motion Leadership: The Skinny on Becoming Change Savvy.* Thousand Oaks, CA: Corwin Press, 2010.

Fullan, Michael. *Choosing the Wrong Drivers for Whole System Reform.* Seminar Series Paper No. 204. Melbourne, AU: Centre for Strategic Education, 2011.

Fullan, Michael. *The right drivers for whole system success.* Melbourne: Centre for Strategic Education, 01, CSE Leading Education Series.2021

Fullan, Michael. *Deep learning:* Engage the world: Change the world. Thousand Oaks, CA.: Corwin Press. 2018（＝松下佳代他　訳『教育のディープラーニング』明石書店、2020年）

Fullan, Michael. Nuance: *Why some leaders succeed and others fail.* Thousand Oaks, CA.: Corwin Press. 2019

Fullan, Michael, David Devine, Greg Butler, Claudia Cuttress, Mark Hand, Richard Mozer, and Lyn Sharratt. "*Motion Leadership/Madcap.*" Unpublished paper, Toronto, 2011.

Fullan, Michael, and Maria Langworthy. *A Rich Seam: How New Pedagogies Are Finding Deep Learning.* London, UK: Pearson, 2014.
Fullan, Michael, and Joanne Quinn. *Coherence: The Right Drivers in Action for Schools, Districts, and Systems.* Thousand Oaks, CA: Corwin Press, 2016.
Fullan, Michael, and Nancy Watson. *The Slow Road to Higher Order Skills.* San Francisco: Report to the Stupski Foundation, 2010.
Fullan, Michael, and Nancy Watson. *Deeper Learning: A Right/Wrong Drivers Perspective.* San Francisco: Report to the Hewlett Foundation, 2011.
Gallagher, Winifred. *Rapt.* New York: Penguin Books, 2009.
Bill & Melinda Gates Foundation. *Supporting Students: Investing in Innovation and Quality.* Redmond, WA: Bill & Melinda Gates Foundation, 2011.
George, Daniel, Catherine Whitehouse, and Peter Whitehouse. "A Model of Intergenerativity." *journal of Intergenerational Relationships* 9, no. 4 (2011): 389-404.
Goldin, Claudia, and Lawrence Katz. *The Race Between Education and Technology.* Cambridge, MA: Harvard University Press, 2008.
Goleman, Daniel, Lisa Bennett, and Zenobia Barlow. *Ecoliterate: How Educators Are Cultivating Emotional, Social, and Ecological Intelligence.* San Francisco: Jossey-Bass, 2012.
Government of Alberta. *Inspiring Action on Education.* Edmonton: Alberta Education, 2010.
Hargreaves, Andy, and Michael Fullan. *Professional Capital: Transforming Teaching in Every School.* New York: Teachers College Press, 2012.
Harlan, Chico. "In South Korea Classrooms, Digital Textbook Revolution Meets Some Resistance." *Washington Post*, March 24, 2012.
Hattie, John. *Visible Learning: A Synthesis of over 800 Meta-analyses Relating to Achievement.* London: Routledge, 2009.（＝山森光陽　訳『教育の効果』図書文化社、2018年）
Hattie, John. *Visible Learning for Teachers: Maximizing Impact on Learning.* London: Routledge, 2012.
Isaacson, Walter. *Steve Jobs.* New York: Simon & Schuster, 2011.
Jackson, Maggie. *Distracted: The Erosion of Attention and the Coming Dark Age.* New York: Prometheus Books, 2008.
Kelly, Kevin. *What Technology Wants.* New York: Viking, 2010.
Kluger, Jeffrey. *Simplexity.* New York: Hyperion Books, 2008.

Koller, Daphne. "Death Knell for the Lecture: Technology as a Passport to Personalized Education." *New York Times*, December 5, 2011, D8.
Lehrer, Jonah. *Imagine: How Creativity Works*. New York: Houghton Miffiin Harcourt, 2012.
Maurya, Ash. *Running Lean: Iterate from Plan A to a Plan That Works*. Sebastopol, CA: O'Reilly Media, 2012.
McGilchrist, Iain. *The Master and His Emissary: The Divided Brain and the Making of the Western World*. New Haven, CT: Yale University Press, 2009.
MetLife, *The MetLife Survey of the American Teacher: Teachers, Parents, and the Economy*. New York: MetLife, 2012. www.metlife.com/assets/cao/ contributions/ foundation/american-teacher/MetLife-Teacher-Survey-201 l.pdf
Microsoft Partners in Learning. *Innovative Teaching and Learning Research*. Redmond, WA: Bill & Melinda Gates Foundation, 2011.
Millstone, Jessica. *Teacher Attitudes about Digital Games in the Classroom*. New York: Joan Ganz Cooney Center at Sesame Workshop, 2012.
Moeller, Babette, and Tim Reitzes. *Integrating Technology with Student-Centered Learning*. Quincy, MA: Nellie Mae Education Foundation, 2011.
Morozov, Evgeny. *The Net Delusion: The Dark Side of Internet Freedom*. New York: Perseus Book Group, 2011.
Mourshed, Mona, Chinezi Chijioke, and Michael Barber. *How the Worlds Most Improved School Systems Keep Getting Better*. London: McKinsey & Company, 2010.
Murray, Orrin T., and Nicole R. Olcese. "Teaching and Learning with iPads, Ready or Not." *TechTrends* 55, no. 6 (2011): 42-48.
Ontario Ministry of Education. Student Success Strategy. www.edu.gov.on.ca/ eng/ teachers/ studen tsuccess/ strategy.html.
Ontario Ministry of Education. Student Success Teams. http:/ /www.edu.gov. on.ca/ morestudentsuccess/teams.html.
Norrena, Juho Matti, Marja Kankaanranta, and Arto Kalevi Ahonena. "Innovative Teaching in Finland." Paper presented at the Annual Meeting of the American Educational Research Association, Vancouver, BC, April 2012.
Pariser, Eli. *The Filter Bubble: What the Internet Is Hiding from You*. New York: Penguin Books, 2011.（＝井口耕二　訳『フィルターバブル』早川書房、2016 年）
Prensky, Marc. *Teaching Digital Natives: Partners for Real Learning*. Thousand Oaks, CA: Corwin Press, 2010.（＝情報リテラシー教育プログラムプロジェクト　訳『ディジタルネイティヴのための近未来教室』共立出版、2013 年）

Prensky, Marc. "Khan Academy." *Educational Technology*, July-August 2011.

Prensky, Marc. "The Reformers Are Leaving Our Schools in the 20th Century." In *Digital Natives to Digital Wisdom: Hopeful Essays for 21st Century Learning.* Thousand Oaks, CA: Corwin, 2012. (Also online at http://www. marcprensky.com/writing/+Prensky-The_Reformers_Are_Leaving_Our_Schools_in_the_20th_Century-please_distribute_freely.pdf.)

Quaglia Institute. *My Voice.* National Student Report (Grades 6-12) 2011. Portland, OR: Quaglia Institute, 2012.

Ries, Eric. *The Lean Startup: How Todays Entrepreneurs Use Continuous Innovation to Create Radically Successful Businesses.* New York: Crown Business, 2012.

Rifkin, Jeremy. *The Empathic Revolution: The Race to Global Consciousness in a World of Crisis.* New York: Penguin Books, 2009.

Robinson, Ken. *The Element: How Finding Your Passion Changes Everything.* New York: Viking, 2009.

Robinson, Ken. *Out of Our Minds: Learning to Be Creative.* Westford, MA: Courier Westford, 2011.

Rosen, Larry. *Rewired: Understanding the iGeneration and the Way They Learn.* New York: St Martin's Press, 2010.

Rosen, Larry. *iDisorder: Understanding Our Obsession with Technology and Overcoming Its Hold on Us.* New York: Palgrave, 2012.

Schlechty, Phillip. *Engaging Students: The Next Level of Working on the Work.* San Francisco: Jossey-Bass, 2011.

Schwaber, Ken. *Agile Project Management with Scrum.* Redmond, WA: Microsoft Press, 2004.

Sengupta, Somini. "Should Personal Data Be Personal?" *New York Times,* February 4, 2012, 7.

Shaffer, David Williamson. *How Computer Games Help Children Learn.* New York: Palgrave, 2006.

Sharratt, Lyn, and Michael Fullan. *Putting FACES on the Data: What Great Leaders Do!* Thousand Oaks, CA: Corwin Press, 2012.

Shirky, Clay. *Cognitive Surplus: Creativity and Generosity in a Connected Age.* New York: Penguin Press, 2010.

Slyworzky, Adrian J. *Demand: Creating What People Love Before They Know They Want It.* New York: Crown Business, 2011.

Smits, Willie. "DeforestACTION." 2011. http://www.red.com/speakers/willie_smits.hrml.

Steeves, Valerie. *Young Canadians in a Wired World-Phase III: Teachers' Perspectives.* Ottawa: Media Awareness Network, 2012

Tierney, Sean, ed. *Innovate!: Collective Wisdom from Innovative Schools.* Self-published, 2011.

Topol, Eric. *The Creative Destruction of Medicine: How the Digital Revolution Will Create Better Health Care.* New York: Basic Books, 2012.

Trilling, Bernie, and Charles Fadel. *21st Century Skills: Learning for Life in Our Times.* San Francisco: Jossey-Bass, 2009.

Wagner, Tony. *Creating Innovators: The Making of Young People Who Will Change the World.* New York: Simon and Schuster, 2012.（=藤原朝子　訳『未来のイノベーターはどう育つのか』英治出版、2014年）

Watson, John, Amy Murin, Lauren Vashaw, Burch Gemin, and Chris Rapp. *Keeping Pace with K-12 Online Learning: An Annual Review of Policy and Practice.* Durango, CO: Evergreen Education Group, 2011. www.evergreenedgroup.com.

Wilkinson, Richard, and Kate Pickett. *The Spirit Level: Why More Equal Societies Almost Always Do Better.* London: Penguin Books, 2009.

Wilson, David Sloan. *Evolution for Everyone.* New York: Delacorre Press, 2007.

Yeager, David S., and Gregory M. Walton, "Social-Psychological Interventions in Education: They're Not Magic." *Review of Educational Research* 81, no. 2 (2011): 267-301.

Young, Michael F., Stephen Slota, Andrew B. Cutter, Gerard Jalette, Greg Mullin, Benedict Lai, Zeus Simeoni, Mathew Tran, and Mariya Yukhymenko. "Our Princess Is in Another Castle: A Review of Trends in Serious Games for Education." *Review of Education Research* 82, no. 1 (2012): 61-89

［著者］
マイケル・フラン Michael Fullan

トロント大学オンタリオ教育研究所名誉教授、カナダ勲章受章者。1988年から2013年まで、オンタリオ州知事ダルトン・マクギンティの特別教育顧問を務めた。また、エジンバラ大学、レスター大学、ニピシング大学、デュケイン大学、および香港教育大学で名誉博士号を授与された。世界中の教育組織のコンサルタントを務めており、中でも組織全体の変革に焦点を当てている。著書は『変革の六つの秘訣』『成層圏』『プロフェッショナル・キャピタル』（アンディ・ハーグリーブズとの共著）、『モーション・リーダーシップの実践』『チェンジ・リーダー』など30冊を超え、多くの賞を受賞。

［訳者］
塩崎　勉 Shiozaki, Tsutomu

東京外国語大学英米語学科卒業、キャンベラ大学大学院留学（TESOL専攻）。都立高校、都教育庁に勤務。十四年間教育管理職を務め、都立国際高校長などを歴任。この間、全国英語教育研究団体連合会（全英連）会長、ICP（国際校長協会連合会）理事などを務める。ICPよりProfessional Contribution Awardを受賞。ICP終身名誉会員。現在、都教育庁に勤務。訳書にマイケル・フラン著『The Principal – 校長のリーダーシップとは』（東洋館出版社）がある。

Credits

Stratosphere: Integrating Technology, Pedagogy, and Change Knowledge
by Michael Fullan
translated by Tsutomu Shiozaki

デジタル化時代の学校教育ビジョン
ようこそ、成層圏の旅へ

2022年5月10日　初版第1刷発行

著　　者：マイケル・フラン
訳　　者：塩崎勉
発 行 者：錦織圭之介
発 行 所：株式会社東洋館出版社
〒113-0021　東京都文京区本駒込5丁目16番7号
営業部 電話：03-3823-9206／FAX：03-3823-9208
編集部 電話：03-3823-9207／FAX：03-3823-9209
URL　https://www.toyokan.co.jp

印刷・製本：岩岡印刷株式会社
ISBN978-4-491-04846-8 / Printed in Japan